AF814474

BestMasters

Mit **„BestMasters"** zeichnet Springer die besten Masterarbeiten aus, die an renommierten Hochschulen in Deutschland, Österreich und der Schweiz entstanden sind. Die mit Höchstnote ausgezeichneten Arbeiten wurden durch Gutachter zur Veröffentlichung empfohlen und behandeln aktuelle Themen aus unterschiedlichen Fachgebieten der Naturwissenschaften, Psychologie, Technik und Wirtschaftswissenschaften. Die Reihe wendet sich an Praktiker und Wissenschaftler gleichermaßen und soll insbesondere auch Nachwuchswissenschaftlern Orientierung geben.

Springer awards **"BestMasters"** to the best master's theses which have been completed at renowned Universities in Germany, Austria, and Switzerland. The studies received highest marks and were recommended for publication by supervisors. They address current issues from various fields of research in natural sciences, psychology, technology, and economics. The series addresses practitioners as well as scientists and, in particular, offers guidance for early stage researchers.

Cameli Hoque

Corporate Nudging

Chancen und Risiken

Springer Gabler

Cameli Hoque
Köln, Deutschland

Master's thesis, Technische Hochschule Köln, 2021

ISSN 2625-3577 ISSN 2625-3615 (electronic)
BestMasters
ISBN 978-3-658-43727-5 ISBN 978-3-658-43728-2 (eBook)
https://doi.org/10.1007/978-3-658-43728-2

Die Deutsche Nationalbibliothek verzeichnet diese Publikation in der Deutschen Nationalbibliografie; detaillierte bibliografische Daten sind im Internet über http://dnb.d-nb.de abrufbar.

Planung/Lektorat: Carina Reibold
Springer Gabler ist ein Imprint der eingetragenen Gesellschaft Springer Fachmedien Wiesbaden GmbH und ist ein Teil von Springer Nature.
Die Anschrift der Gesellschaft ist: Abraham-Lincoln-Str. 46, 65189 Wiesbaden, Germany

Das Papier dieses Produkts ist recyclebar.

Gender Erklärung

Aus Gründen der besseren Lesbarkeit wird in der vorliegenden Master-Thesis für personenbezogene Bezeichnungen, die sich sowohl auf Frauen als auch auf Männer beziehen, die generische maskuline Form angeführt, also z. B. „Mitarbeiter“ statt „Mitarbeiter:innen“ oder „Mitarbeiterinnen und Mitarbeiter“. Dies soll jedoch in keiner Weise eine Diskriminierung aufgrund des Geschlechts oder eine Verletzung des Gleichstellungsgrundsatzes zum Ausdruck bringen.

Inhaltsverzeichnis

Tabellenverzeichnis

Einleitung

1

"Wouldn't economics make a lot more sense if it were based on how people actually behave, instead of how they should behave?" (Ariely, 2008, 239).

Viele der drängendsten gesellschaftlichen Herausforderungen unserer Zeit, wie die erfolgreiche Bewältigung der COVID-19-Pandemie oder die Abschwächung des Klimawandels, erfordern substanzielle Veränderungen im Verhalten des Einzelnen. Traditionell haben mikroökonomische Ansätze, welche auf rationalen Agentenmodellen beruhen, die Diskussion darüber beherrscht, wie solche Verhaltensänderungen erreicht werden können. Die Veröffentlichung des Buches „Nudge-Improving Decisions about Health, Wealth, and Happiness" von Richard Thaler und Cass Sunstein im Jahr 2008 hat jedoch einen ergänzenden Interventionsansatz bekannt gemacht, der als Nudging bekannt ist. Der Nudge-Ansatz zielt darauf ab, das Verhalten von Menschen zu ändern, indem das physische, soziale oder psychologische Umfeld, in dem die Menschen Entscheidungen treffen, (neu) gestaltet wird, ohne ihre Entscheidungsfreiheit einzuschränken. Die Nudge-Theorie ist ihren Begründern nach eine Art „libertärer Paternalismus", der Menschen dabei helfen soll, Entscheidungen zu treffen, die ihre Gesundheit, ihren Wohlstand und ihr Leben verbessern können. Seit der Veröffentlichung der ersten Ausgabe des Buches hat die Nudge-Theorie einen immensen Zuwachs an Popularität erfahren – während sich die Anzahl der Zitate von Thaler und Sunstein (2008) im Web of Science im Jahr 2008 noch auf ca. zwölf belief, konnten im Jahr 2020 bereits um die 360 gezählt werden (Mertens/Herberz/Hahnel/Brosch, 2021, 1 f.).

C. Hoque, *Corporate Nudging*, BestMasters,
https://doi.org/10.1007/978-3-658-43728-2_1

1.1 Nudging – ein mächtiges Tool erobert die Unternehmenswelt

Die Nudge-Theorie stützt sich auf die Erkenntnisse der Verhaltensökonomie, die auf der Annahme basiert, dass sich Menschen aufgrund kognitiver Einschränkungen (auch als „kognitive Biases“ bezeichnet) systematisch irrational verhalten, wenn sie vor Entscheidungen gestellt werden. So treiben viele Menschen weniger Sport, als sie es sich vorgenommen haben, investieren nicht genug Geld in ihre Altersvorsorge, ernähren sich ungesund oder verschieben unangenehme Aufgaben immer wieder auf morgen. Menschen haben also manchmal Schwierigkeiten dabei, sich für die Alternative zu entscheiden, die am besten für sie selbst wäre. Diese Verhaltensweisen lassen sich u. a. dadurch erklären, dass ein Großteil der täglichen Entscheidungen automatisch abläuft und nicht reflektiert stattfindet. „Nudges“ bieten ein Tool, mit welchem dieser Mangel an Rationalität und Selbstkontrolle ausgeglichen werden kann. Die Theorie wird heute sowohl von staatlichen als auch von privaten Organisationen angewandt, um Einzelpersonen zu besseren Entscheidungen zu bewegen, ohne dabei jedoch ihre Wahlfreiheit einzuschränken. Die Idee dahinter ist, durch eine einfache Änderung der Entscheidungsarchitektur, Menschen bei ihren Entscheidungen zu beeinflussen, wenn sie durch Reize oder Verhaltenstendenzen systematisch von ihren optimalen Entscheidungen abweichen. So kann etwa das Platzieren von gesundem Essen auf Augenhöhe in einer Cafeteria als Eingriff in die räumliche Gestaltung die Entscheidungsarchitektur der Cafeteria-Gäste verändern und den Verzehr gesunder Speisen fördern, ohne ungesunde Speisen wesentlich schwerer zugänglich zu machen (Bruttel/Stolley, 2014). Eine jüngst veröffentlichte Studie des Instituts der deutschen Wirtschaft zeigt vor dem Hintergrund der derzeitigen Gasnotlage ebenfalls Möglichkeiten auf, wie die Deutschen durch Verhaltensanreize zum Energiesparen motiviert werden können. So könnten private Haushalt durch Nudge-Maßnahmen wie Feedback zum aktuellen Gasverbrauch und dem sozialen Vergleich zum Verbrauch von Nachbarn, jährlich rund 30 Terawattstunden Erdgas sparen, was knapp drei Prozent des deutschen Verbrauchs im Jahr 2021 entspricht. Für einen vier-Personen-Haushalt könnte die Energieeinsparung zu Geldeinsparungen in Höhe von bis zu 420 Euro führen (Küper/Potthoff, 2022). Nudges sind also kostengünstige Interventionen, welche eine große Wirkung haben können, weshalb inzwischen auch immer mehr private Unternehmen, wie Google, Verhaltensanreize einsetzen.

Jedoch haben sich auch Vermarkter oder ganze Industrien die Verhaltensökonomie zu eigen gemacht, um die Entscheidungsfindungsmuster der Verbraucher auszunutzen und so ihre Rentabilität zu steigern. So ist es ist kein Zufall, wenn

Verkäufer bei der Frage, was jemand bereit wäre für sein Produkt zu zahlen, erstmal hochansetzt und sich dann auf den tatsächlichen Preis herunterarbeitet. Vermarkter wissen, dass potenzielle Kunden durch die Festlegung eines hohen Einstiegspreises bereit sind, mehr für den Artikel zu bezahlen, als sie es sonst tun würden (Beggs, 2016, 125 f.). Die Glücksspielindustrie ist ein gutes Beispiel für die „dunkle Seite" des Corporate Nudging, da Glücksspielautomaten so konzipiert sind, dass sie die Biases der Spieler ausnutzen, obwohl Zahlen zeigen, dass viele Länder ein großes Glücksspielproblem haben. Australien beispielsweise lag mit jährlichen Verlusten von 990 US-Dollar pro erwachsenem Einwohner im Jahr 2016 an der Spitze. Diese Verluste aus dem Glücksspiel sind jedoch die Gewinne der Glücksspielunternehmen, welche keine wirtschaftlichen Profite erzielen würden, wenn sie ihre Verbraucher durch Informationskampagnen zu den Risiken des Glücksspiels aufklären würden. Stattdessen nutzt ein gewinnmaximierendes Unternehmen die kognitiven Biases der Spieler bewusst aus. So spornen Ergebnisse wie der „Beinahe-Fehlschlag", z. B. bei einem Apfel-Apfel-Birne-Ergebnis, die Spieler trotz fehlender Auszahlung weiter an. Dementsprechend arbeiten viele moderne Glücksspielautomaten mit Verlusten, die als Gewinne getarnt sind, indem sie geschickte Formulierungen, wie „Beinahe-Fehlschlag", verwenden und die Ergebnisse irreführend präsentieren. Insgesamt verliert der Spieler also Geld, erhält aber dennoch gleichzeitig akustische und visuelle positive Verstärkung, die auf einen teilweisen „Gewinn" hinweist (Newall, 2019, 65). Solch ein Einsatz von Nudges wirft große ethische Bedenken auf, die mitunter die Entscheidungsfreiheit und Autonomie der Menschen, die von einem Nudge beeinflusst werden, in Frage stellen. So ist grundsätzlich die weit verbreitete Auffassung entstanden, dass politische Entscheidungsträger die Verbraucher in Richtung ihrer langfristigen Interessen lenken, während Vermarkter die Verbraucher von ihren langfristigen Interessen abbringen, indem sie die Verbraucher dazu bringen, mehr Geld auszugeben, als sie es tun würden, wenn sie wirtschaftlich rational handeln würden – doch ist dies immer der Fall (Beggs, 2016, 125 f.)?

1.2 Zielsetzung und Forschungsfrage

Ziel dieser Masterarbeit mit dem Titel „Corporate Nudging – Chancen und Risiken" ist es, die Potenziale und Gefahren, die sich für den privaten Sektor aus dem Einsatz von Nudges ergeben, zu erarbeiten und Unternehmen Handlungsempfehlungen für die Anwendung von Nudges mit an die Hand zu geben. Für den Begriff „Corporate Nudging" besteht in der Literatur keine klare Definition, weshalb er im Kontext dieser Arbeit grundsätzlich als Anwendung von Nudge-Maßnahmen seitens Unternehmen verstanden werden soll. Vor dem Hintergrund der Forschungsfrage „Inwiefern können private Unternehmen von den Erkenntnissen der Verhaltensökonomie profitieren und Nudges unter Berücksichtigung von möglichen (ethischen) Risiken erfolgreich in der Praxis anwenden?" wird die Fachliteratur über die Theorie und ihre Anwendung im privaten Sektor ausgewertet und die Wirksamkeit der Anwendungen untersucht. Zur strukturierten Untersuchung der Forschungsfrage wurde diese in vier wesentliche Teil-Fragen aufgeteilt: (1) Was sind die wesentlichen Erkenntnisse der Verhaltensökonomie? (Kapitel 2); (2) Was für Chancen bietet der Nudge-Ansatz für Unternehmen? (Kapitel 3 und 4); (3) Welche (ethischen) Risiken gehen mit dem Einsatz von Nudges für Unternehmen einher? (Kapitel 3, 4 und 5); (4) Wie kann die Nudge-Theorie erfolgreich in der Praxis angewendet werden? (Kapitel 6)

1.3 Methodische Vorgehensweise

Methodisch wird die verhaltensökonomische Nudge-Theorie genutzt, um das Entscheidungsverhalten von zwei der wichtigsten Stakeholdergruppen eines Unternehmens – den Konsumenten und den Mitarbeitern – zu verstehen. Die Auswahl der betrachteten Stakeholdergruppen erfolgte auf Basis der zur Verfügung stehenden Literatur, welche ihren Fokus auf die genannten Stakeholdergruppen legt. Aufgrund der Anforderungen an den Umfang dieser Arbeit, wurde die Analyse nicht um weitere Stakeholdergruppen erweitert. Insgesamt wird ein interdisziplinärer Ansatz verfolgt, der Erkenntnisse aus der Verhaltensökonomie, kognitiven Psychologie und Ethik einbezieht, um die Chancen und Risiken von Nudge-Techniken im privaten Sektor umfassend zu analysieren. Auf Grundlage der Analyse werden Handlungsempfehlungen abgeleitet, die sich bei der Umsetzung von Nudge-Maßnahmen in der privaten Wirtschaft als nützlich erweisen könnten. Basis dieser Arbeit ist eine qualitative Inhaltsanalyse der bestehenden Fachliteratur. Anhand relevanter Sekundärquellen, bestehender Studien und Daten wurde die Forschungsfrage wissenschaftlich untersucht. Die genutzte Literatur wurde vor dem Hintergrund ihrer Qualität und Vertrauenswürdigkeit sorgfältig ausgewählt.

1.4 Aufbau der Arbeit

Die vorliegende Arbeit ist in sieben Kapitel unterteilt. Nach der Einleitung widmet sich das zweite Kapitel dem theoretischen Hintergrund, vor dem der Nudge-Ansatz entstanden ist. Zuerst sollen eine kurze Einleitung in die Nudge-Theorie sowie eine Übersicht ihrer wichtigsten Konzepte und Definitionen dem Leser einen Einstieg in das Thema „Nudging“ bieten. Anschließend werden verhaltenswissenschaftliche Erkenntnisse zum menschlichen Entscheidungsverhalten erörtert und bekannte Nudge-Techniken vorgestellt. Die in Kapitel 2 dargestellten Erkenntnisse bieten Erklärungsansätze für die in den Folgekapiteln 3 und 4 vorgestellten Anwendungsmöglichkeiten von Nudge-Techniken im privaten Sektor. Das dritte Kapitel beschäftigt sich konkret mit dem Nudging von Mitarbeitern und wird mit dem Konzept des Nudge-Managements eingeleitet, welches inzwischen von vielen großen Organisationen angewendet wird. Das vierte Kapitel hingegen betrachtet die „zwei Seiten“ des Nudging von Verbrauchern. So werden u. a. Anwendungen im Zusammenhang mit dem umstrittenen Bereich der Nutzung von Nudges für kommerzielle Zwecke vorgestellt. Da Nudging von vielen Wissenschaftlern als umstrittene Praxis angesehen wird, werden im fünften Kapitel ebenfalls die ethischen Bedenken untersucht, die sich häufig aus den Interventionen im Zusammenhang mit der Verhaltenssteuerung ergeben. Es werden Argumente für und gegen die Theorie vorgebracht und diskutiert. Auf Basis der Erkenntnisse aus den vorgegangenen Kapiteln wird im sechsten Kapitel auf eine erfolgreiche Umsetzung des Nudge-Ansatzes eingegangen und die Effizienz von Nudge-Maßnahmen analysiert sowie Handlungsempfehlungen für Unternehmen abgeleitet. Abgerundet wird die Arbeit in einem abschließenden Kapitel zum Fazit, in welchem die Haupterkenntnisse der Arbeit zur Beantwortung der Forschungsfrage zusammengefasst und kritisch gewürdigt werden sowie ein kurzer Ausblick gegeben wird.

2 Theoretischer Hintergrund des Nudge-Ansatzes

Nudging stützt sich auf den interdisziplinären Bereich der Verhaltensökonomie, in dem Erkenntnisse aus der kognitiven Psychologie und der Verhaltenstheorie kombiniert werden, wobei die mikroökonomische Entscheidungstheorie als Grundlage dient (Samson, 2017). Die klassische Ökonomie unterliegt der zentralen Annahme, dass alle wirtschaftlichen Entscheidungen auf einer rationalen Grundlage getroffen werden. Die Verhaltensökonomie belegt jedoch, dass sich Menschen nicht immer rational verhalten und dass sie systematisch schlechte wirtschaftliche Entscheidungen treffen können (Beck, 2014, 1 ff.). Die Erkenntnisse aus der Verhaltensökonomie haben nicht nur Auswirkungen auf unser Verständnis von Entscheidungsfindung, sondern auch auf die Logik, die unseren eigenen täglichen Entscheidungen zugrunde liegt (Kolmar, 2022, 267). Das vorliegende Kapitel bietet zu Beginn eine Übersicht der wesentlichen Konzepte und Definitionen aus der Verhaltensökonomie, welche der Nudge-Theorie zugrunde liegen. Anschließend werden die Hintergründe der oben erwähnten irrationalen Entscheidungsfindung von Menschen skizziert und die für den Unternehmenskontext wesentlichsten Heuristiken und kognitiven Biases erläutert. Abschließend werden bekannte Nudge-Techniken vorgestellt, welche, wie in den nächsten Kapiteln 3 und 4 dargestellt, bereits von vielen Unternehmen in der Praxis angewendet werden.

C. Hoque, *Corporate Nudging*, BestMasters,
https://doi.org/10.1007/978-3-658-43728-2_2

2.1 Die Nudge-Theorie – Konzepte und Definitionen

Die wesentlichsten Konzepte und Definitionen der Nudge-Theorie bilden die Wissens-Basis, die für ein fundiertes Verständnis der weiteren Kapitel der vorliegenden Arbeit vorausgesetzt wird. Im Folgenden werden demnach die Begriffe „Entscheidungsarchitektur", „Entscheidungsarchitekt", „Nudge" und „libertärer Paternalismus" im Detail erörtert.

2.1.1 Entscheidungsarchitektur, Entscheidungsarchitekten und Nudges

Im Jahr 2008 veröffentlichten der Verhaltensökonom Richard Thaler und der Rechtswissenschaftler Cass Sunstein ihr Buch „Nudge: Improving Decisions About Health, Wealth and Happiness" (Thaler/Sunstein, 2008). In dem Buch plädieren Thaler und Sunstein (2008) dafür, die Entscheidungsarchitektur, d. h. das Umfeld, in dem Entscheidungen getroffen werden, zu nutzen, um das Verhalten von Menschen zu verändern. Entscheidungsarchitekturen seien ohnehin, so Sunstein (2015, 417; 420 ff.), unumgänglich, da Menschen bei der Entscheidungsfindung immer von dem Design des Umfelds beeinflusst werden. So hat beispielsweise die Architektur eines Kaufhauses Auswirkungen darauf, was die Menschen konsumieren. Dabei kann die Architektur das Ergebnis des Zufalls sein, ohne dem Ziel, Menschen zu lenken, oder das Ergebnis eines Designs, das mit der Absicht entwickelt wurde, das Verhalten von Menschen zu beeinflussen (Sunstein, 2015, 417). Thaler und Sunstein (2008) nach könnte eine bewusste Strukturierung der Wahlmöglichkeiten den Menschen helfen, bessere Entscheidungen zu treffen, was ihnen selbst und der Gesellschaft zugutekäme. Diese Personen, die für die Organisation des Umfelds verantwortlich sind, in dem die Menschen Entscheidungen treffen, werden als Entscheidungsarchitekten bezeichnet. Ihre Aufgabe sei es den Begründern nach, die Wahlmöglichkeiten so zu gestalten, dass das Verhalten der Menschen auf vorhersehbare Weise verändert wird, ohne Wahloptionen auszuschließen oder wirtschaftliche Anreize erheblich zu verändern. Anhand des „Cafeteria-Beispiels" zeigen Thaler und Sunstein (2008, 1 ff.) sehr anschaulich, wie Entscheidungsarchitekturen die Entscheidungen von Menschen beeinflussen und somit zu ihrem Wohlbefinden beitragen können. In ihrem Beispiel führt die Leiterin der Essensversorgung einer städtischen Schule eine Reihe von Experimenten durch, um zu untersuchen, ob die Art und Weise, wie die Lebensmittel präsentiert und angeordnet werden, die Essenswahl der Kinder beeinflussen könnte – ohne dabei die Speisepläne zu ändern.

So standen in einigen Schulen die Desserts an erster Stelle, in anderen an letzter, in wieder anderen in einer separaten Reihe. In einigen Schulen befanden sich die Pommes, in anderen die Karottenstäbchen auf Augenhöhe. Allein durch die Umgestaltung der Cafeteria konnte die Leiterin den Verzehr von gesunden Lebensmitteln um bis zu 25 Prozent steigern oder senken. Die Art und Weise, wie den Kindern das Essen präsentiert wird, hat tatsächlich ihre Wahl beeinflusst. Insgesamt wurden Lebensmittel, die am Anfang oder am Ende der Schlange stehen, mit größerer Wahrscheinlichkeit verzehrt als solche, die an weniger sichtbaren Stellen platziert sind. Die Leiterin der Verpflegungseinrichtung hat also die Rolle eines Entscheidungsarchitekten gespielt. Ihre Interventionen beeinflussen die Essgewohnheiten der Kinder. Mit diesem Beispiel wollen die Autoren darauf hinweisen, dass selbst kleine und scheinbar unbedeutende Details erhebliche Auswirkungen auf das Verhalten der Menschen haben können.

Wie das obige Beispiel gibt es viele andere, die zeigen, dass viele Menschen in unserem täglichen Leben Entscheidungsarchitekten sind, auch wenn sie sich dessen häufig nicht bewusst sind. So können beispielsweise Ärzte, die ihren Patienten die verfügbaren Behandlungen erläutern, als Entscheidungsarchitekten betrachtet werden, da die Art und Weise, wie sie den Patienten die verfügbaren Behandlungsoptionen präsentieren, deren endgültige Wahl beeinflusst. Die Liste der Beispiele für Entscheidungsarchitekten ist unendlich lang: Personalverantwortliche, die Krankenversicherungspläne erstellen und verwalten, Marketingmanager, die Verkaufsstrategien entwerfen, Lehrer und Berater, die einem Teenager die verfügbaren Bildungsoptionen erklären, und so weiter (Thaler/Sunstein, 2008, 3).

Thaler und Sunstein (2008) bezeichnen diese Gestaltungsmerkmale als „Nudge" (Anstoß, Schubs, Stupser), welchen sie konkret als "any aspect of the choice architecture that alters people's behavior in a predictable way without forbidding any options or significantly changing their economic incentives" (S. 6) definieren. Nudges beziehen sich also auf die bewusste Veränderung und Gestaltung des Umfelds, in dem Menschen ihre Entscheidung treffen, um diese Menschen auf vorhersehbare Weise in eine bestimmte Richtung zu lenken (Schmidt/Engelen, 2020, 2). Für die Einstufung als „echter" Nudge, sind einige wichtige Voraussetzungen zu erfüllen.

2.1.2 Voraussetzungen eines Nudges

Zum einen darf eine Intervention, um als Nudge zu gelten, **keine erheblichen materiellen Anreize** (einschließlich Fehlanreize) darstellen und muss die **Wahlfreiheit vollständig wahren** (Sunstein, 2015, 417). Dies würde ausschließen, dass

Verbote oder Gebote als Nudges bezeichnet werden können, ebenso wie viele andere bekannte rechtliche und regulatorische Instrumente wie Subventionen, Steuern, Bußgelder oder Gefängnisstrafen. Zwar steht es einem Nudge frei, Menschen in eine bestimmte Richtung zu lenken, sobald er ihnen jedoch nicht mehr gestattet, ihren eigenen Weg zu gehen, gilt er nicht mehr als Nudge. Was den Entscheidungsarchitekten als Nudges dann beispielsweise bleibt, sind Instrumente wie Erinnerungen, Warnungen und Standardregeln. Einige Nudges funktionieren, weil sie die Menschen informieren, andere, weil sie bestimmte Entscheidungen erleichtern und wieder andere aufgrund der Kraft der Trägheit und der Prokrastination (Sunstein, 2015, 417). Eine häufige Anwendung sind Standardeinstellungen, wie z. B. ein Opt-Out-System für Organspenden, um den Anteil der potenziellen Spender zu erhöhen, indem man sich auf die vorhersehbare Tendenz der Menschen verlässt, am Status quo festzuhalten (Rithalia/McDaid/Suekarran/Myers/Sowden, 2009). Andere Anreize wirken durch visuelle Gestaltung. So reduzieren abschreckende Bilder auf Zigarettenschachteln den Zigarettenkonsum durch emotionale Reaktionen (Fong/Hammond/Hitchman, 2009), während intelligente Straßenmarkierungen Verkehrsunfälle reduzieren können (Carlson/Park/Andersen, 2009; für weitere Details siehe 2.2.4 und 2.3).

Zudem erhöhen echte Nudges das **Wohlergehen** der Menschen, die angestupst werden (Sunstein, 2015, 433). Obwohl Thaler und Sunstein (2008, 1 ff.) klar in Betracht ziehen, dass die Entscheidungsarchitektur eingesetzt werden kann, um Schaden anzurichten, besteht nach ihrer Auffassung eine wesentliche Eigenschaft von Nudges darin, dass sie Gutes bewirken wollen (Thaler/Sunstein, 2008, 5). So können Entscheidungsarchitekten in allen Bereichen des Lebens Anreize haben, Menschen in eine Richtung zu drängen, die eher den Architekten (oder ihren Arbeitgebern) und nicht den Nutzern bzw. Konsumenten zugutekommen. Schließlich haben Manager in der Privatwirtschaft die Aufgabe, Gewinne und Aktienkurse zu maximieren, nicht das Wohl der Verbraucher (Beggs, 2016, 125; Thaler/Sunstein, 2008, 239). Natürlich stellt sich hier die Frage, wer bestimmt, was gut ist, worauf in Kapitel 5 eingegangen wird, aber im Allgemeinen muss sichergestellt sein, dass Nudges nicht eingesetzt werden, um Menschen zu schlechten Entscheidungen zu bewegen, die sie später bereuen werden (Thaler, 2015). Die grundlegendste Art und Weise, dies zu erreichen, besteht nach Thaler und Sunstein (2008, 5) in der Entwicklung von Nudges, die den Menschen dabei helfen, die Entscheidungen zu treffen, die sie sonst treffen würden, wenn sie volle Aufmerksamkeit, vollständige Informationen, unbegrenzte kognitive Fähigkeiten und vollständige Selbstkontrolle hätten. Anders ausgedrückt: Nudges sollen uns dabei helfen, mehr wie der Homo oeconomicus zu werden, der immer rationale Entscheidungen im Einklang mit seinen langfristigen Eigeninteressen trifft

(Haugh, 2017, 691). Dies kommt sowohl dem Einzelnen als auch der Gesellschaft zugute, indem es den allgemeinen Wohlstand erhöht (Thaler/Sunstein, 2008).

Das ultimative Ziel der Nudge-Theorie besteht somit nach Aussage ihrer Begründer darin, das Leben der Menschen zu verbessern, indem sie ihnen helfen, über ihre Grenzen hinaus die richtigen Entscheidungen zu treffen. Thaler und Sunstein (2008) schreiben dazu: "It is legitimate for choice architects to try to influence people's behavior in order to make their lives longer, healthier, and better. In other words, we argue for self-conscious efforts, by institutions in the private sector and also by government, to steer people's choices in directions that will improve their lives" (S. 5). Nudging ist somit ein politisches Instrument, das sowohl öffentlichen als auch privaten Institutionen dabei helfen soll, Maßnahmen zu formulieren, die sowohl von den Beschäftigten als auch von den Bürgern benötigt werden und ihr Wohlbefinden steigern. Ein Hauptvorteil dieser Theorie ist, wie ihre Begründer erklären, dass Nudges keine Vorschriften sind und somit keinen Zwang darstellen. Zudem sind sie nur mit geringen Kosten verbunden (in vielen Fällen kosten sie nichts) und lassen stets die Wahlfreiheit zu (Thaler/Sunstein, 2008).

2.1.3 Die Nudge-Theorie als libertärer Paternalismus

Die Nudge-Theorie wird als libertäre Form des Paternalismus dargestellt. Der libertäre Aspekt ihrer Bewegung besteht in dem Grundsatz, dass die Menschen immer frei wählen können und aus unerwünschten Vereinbarungen austreten können, wenn sie dies wünschen. Der paternalistische Aspekt liegt in der Behauptung, dass Menschen aufgrund mangelnder Aufmerksamkeit und anderer kognitiver Einschränkungen dazu neigen, schlechte Entscheidungen zu treffen, und dass es daher für die Entscheidungsarchitekten legal ist, das Verhalten der Menschen zu beeinflussen und ihnen zu helfen, bessere und gesündere Entscheidungen für sich selbst zu treffen (Thaler/Sunstein, 2008, 5). Wie Thaler und Sunstein (2008, 5) erklären, ist der libertäre Paternalismus eine relativ schwache, weiche und nicht aufdringliche Form des Paternalismus, da Entscheidungen nicht blockiert oder erheblich erschwert werden. Wenn Menschen Zigaretten rauchen oder nicht für den Ruhestand sparen wollen, werden libertäre Paternalisten sie nicht dazu zwingen oder es ihnen sogar schwer machen (Thaler/Sunstein, 2008, 5). Thaler und Sunstein (2008) unterscheiden ihre Art von Bevormundung von direkteren Versionen des traditionellen Paternalismus, wie Motorradhelmgesetzen, die die Menschen zwingen, Dinge zu tun, um sich selbst zu schützen. Stattdessen ändert das Neuanordnen von Optionen oder Standardauswahlen nur die Art und Weise, wie Optionen oder Auswahlmöglichkeiten für die Menschen aussehen, sodass sie dieselben Optionen wie zuvor haben und nicht gezwungen sind, eine bestimmte auszuwählen (White, 2013). Infolgedessen werden Merkmale des traditionellen Paternalismus, der es der Regierung und der Wirtschaft erlaubt, in das Leben der Menschen einzugreifen, um sie besser zu stellen, mit libertären Traditionen kombiniert, die die individuelle Entscheidungsfreiheit schützen (Sunstein/Thaler, 2003).

Der libertäre Paternalismus impliziert also, dass die Entscheidungsarchitekten genau wissen, was für den Menschen gut ist. Er handelt zum Wohl der Menschen und bringt sie dazu, bessere Entscheidungen zu treffen, als sie es ohne ihn tun würden. Während Befürworter der Nudge-Theorie im libertären Paternalismus die Chance sehen, das Verhalten von anderen Menschen zu verändern, ohne ihre Freiheit zu beeinträchtigen, sind die Widersprüche für Kritiker offensichtlich, welche ihn eher als „Anschlag auf die Freiheit" bezeichnen würden (siehe Abschnitt 5.2). Doch warum bedarf es eigentlich dieser Form des libertären Paternalismus? Warum sind Menschen nicht in der Lage, immer die optimalen Entscheidungen für sich selbst zu treffen? Diesen Fragen soll im nächsten Abschnitt anhand wesentlicher Erkenntnisse aus der kognitiven Psychologie und Verhaltensforschung nachgegangen werden.

2.2 Verhaltensökonomische Erkenntnisse über die menschliche Entscheidungsfindung

Traditionelle mikroökonomische Ansätze basieren häufig auf einem rationalen Agentenmodell der Entscheidungsfindung (dem sogenannten *Homo Oeconomicus*), das davon ausgeht, dass Menschen ihre Entscheidungen auf bekannte und konsistente Präferenzen stützen, die darauf abzielen, den Nutzen ihrer Handlungen zu maximieren. Man geht davon aus, dass Menschen die kognitive Fähigkeit besitzen, bei der Bestimmung ihrer Präferenzen eine umfassende Analyse der Wahrscheinlichkeiten und potenziellen Kosten und Vorteile aller verfügbaren Optionen vorzunehmen, um herauszufinden, welche Option den höchsten erwarteten Nutzen bietet. Interventionen, die auf eine Verhaltensänderung abzielen, zielen dementsprechend darauf ab, den Nutzen der gewünschten Option zu erhöhen, entweder durch Aufklärung über die bestehenden Kosten und Vorteile eines bestimmten Verhaltens oder durch die Schaffung völlig neuer von Anreizstrukturen in Form von Geldstrafen oder ähnlichen wirtschaftlichen Maßnahmen. In ähnlicher Weise erklären traditionelle psychologische Interventionsansätze Verhalten als das Ergebnis eines differenzierten Entscheidungsprozesses, bei dem

u. a. interne Werte, Einstellungen und Normen der Menschen abgewogen werden. Interventionen konzentrieren sich dementsprechend auf Maßnahmen wie Informationskampagnen, die darauf abzielen, das Verhalten durch Veränderungen der Überzeugungen oder Einstellungen der Menschen zu verändern. In den letzten Jahren haben sich Interventionsansätze, die auf verhaltenswissenschaftlichen Erkenntnissen beruhen, als Ergänzung zu rationalen Ansätzen entwickelt. Sie stützen sich auf ein alternatives Modell der Entscheidungsfindung, das anerkennt, dass Menschen in ihrer Fähigkeit, rationale Entscheidungen zu treffen, eingeschränkt sind (Mertens et al., 2021, 1).

2.2.1 Bounded Rationality: Abschied vom Homo Oeconomicus?

Wie bereits angedeutet, basiert Nudging auf der Annahme, dass Menschen bei ihren Entscheidungen durch die kognitiven Grenzen des menschlichen Geistes beeinflusst werden. Dieses Argument, die so genannte begrenzte Rationalität („bounded rationality“), wurde ursprünglich von Herbert Simon (1957) eingeführt. Die begrenzte Rationalität besagt, dass unsere Rationalität bei der Entscheidungsfindung nicht so perfekt ist, wie es das klassische Wirtschaftsmodell beschreibt, sondern durch die uns zur Verfügung stehenden Informationen, kognitive Barrieren und zeitliche Beschränkungen begrenzt ist (Simon, 1982). Simon (1957) erklärt "[t]he capacity of the human mind for formulating and solving complex problems is very small compared with the size of the problems whose solution is required for objectively rational behavior in the real world – or even for a reasonable approximation to such objective rationality" (S. 198). Aufgrund unserer begrenzten Fähigkeit, Informationen aufzunehmen und zu verarbeiten, machen Menschen häufig Fehler bei der Informationsaufnahme und -verarbeitung (Enste/Potthoff, 2021, 20). Um die Aufgabenkomplexität bei Beurteilungen und Entscheidungen zu reduzieren und eine Überlastung unseres Gehirns zu verhindern, verwenden wir mentale Abkürzungen und Faustregeln, die wir Heuristiken nennen (Beck, 2014, 25 ff.; siehe 2.2.3). Einen Erklärungsansatz für unsere begrenzte Rationalität bei Denk- und Entscheidungsaufgaben bietet die im Folgenden vorgestellte Duale Prozesstheorie.

2.2.2 Die Duale Prozesstheorie: wann wir bewusste und unbewusste Entscheidungen treffen

Die Verhaltensökonomie ist stark von der Arbeit der Nobelpreisträger Daniel Kahneman und Amos Tversky geprägt. Sie fanden heraus, dass das menschliche Gehirn in zwei unterschiedliche Denksysteme unterteilt ist und sowohl intuitive als auch überlegende kognitive Prozesse besitzt (Ebert/Freibichler, 2017, 2; Haugh, 2017, 695; Thaler/Sunstein, 2008, 19). Kahnemans Duale Prozesstheorie („dual process theory") wurde durch sein berühmtes Buch „Thinking, Fast and Slow" (2011) populärer. Der Dualen Prozesstheorie nach findet die menschliche Informationsverarbeitung durch zwei verschiedene Arten von Systemen statt: Das sogenannte „System 1" ist das stärker automatisierte System, das einen Großteil unseres intuitiven und affektiven Denkens umfasst, während das „System 2" in der Regel durch unsere reflexiven, rationalen und logischen Fähigkeiten gekennzeichnet ist (Kahneman, 2011, 20 f.).

Wenn eine Person eine Entscheidung treffen muss, arbeitet **System 1** mit nur minimaler Anstrengung schnell, automatisch und oft emotionsgeladen. Da es über das assoziative Gedächtnis abläuft, ist es durch Gewohnheit bestimmt und daher schwer zu kontrollieren oder zu ändern (Kahneman, 2003, 1451 ff.). Dieses automatische System des Denkens scheint häufig gar nicht wie Denken – so duckt man sich beispielsweise automatisch, wenn ein Ball unerwartet nach einem geworfen wird (Thaler/Sunstein, 2008, 19 f.). In System 1 passiert somit viel auf einmal – der Verstand bietet schnell Assoziationen an, wobei eine Idee nach der anderen hervorgerufen wird, die alle mühelos miteinander verknüpft sind. Die Geschwindigkeit und Leichtigkeit, mit der System 1 arbeitet, bedeutet, dass der größte Teil der Arbeit des assoziativen Denkens verborgen vor unserem eigenen Bewusstsein abläuft (Kahneman, 2011, 21 f.).

Das **System 2** hingegen ist rationaler und wird aktiv, wenn das Gehirn komplexere Informationen verarbeiten muss, was Anstrengung und Aufmerksamkeit erfordert. Im Gegensatz zu System 1 läuft der Denkprozess von System 2 viel langsamer und sorgfältiger ab (Sunstein, 2016a, 177). Er ist kontrolliert und unterliegt Logik und Regeln (Kahneman, 2003, 1451). Das Denken im System 2, das auch als Reflexionssystem bezeichnet wird, wird aktiviert, wenn wir Gedanken in einer organisierten Art und Weise verwenden, wie wenn wir ein komplexes mathematisches Problem lösen oder Vor- und Nachteile abwägen, um eine schwierige Entscheidung zu treffen (Thaler/Sunstein, 2008, 20). Das Denken im System 2 erfordert somit eine wesentlich höhere kognitive Belastung als im System 1 (Sunstein, 2016a, 206). Tatsächlich kann eine Person, die ihren System-2-Prozess mit „voller Kraft" einsetzt, dies nur für eine sehr kurze Zeit tun (Kahneman, 2011, 31). Mit System 2 gehen wir demnach gedanklich mit neuen Aufgaben um, wenn keine einfachen Assoziationen möglich sind (Kahneman, 2011, 36 ff.). Diese Art des Denkens ist verbunden mit Selbsterkenntnis und der Erfahrung von Handlungsfähigkeit, Autonomie und Willenskraft (Hansen/Jespersen, 2013, 13; Thaler/Sunstein, 2008, 19).

Die Merkmale der einzelnen Denksysteme sind in Tabelle 2.1 dargestellt. Das bedeutet jedoch nicht, dass System 2 besser sei als System 1. Da das System 1-Denken mühelos und effizient ist, eignet es sich für die große Mehrheit unserer täglichen Entscheidungen – so wäre es mit großer Anstrengung verbunden, wenn wir für jede unserer täglichen Routineaktivitäten eine bewusste Entscheidung treffen müssten (Kahneman, 2011, 36).

Tabelle 2.1 Die zwei kognitiven Systeme der Dualen Prozesstheorie

Automatic System	Reflective System
• Uncontrolled • Effortless • Associative • Fast • Unconscious • Skilled	• Controlled • Effortfull • Deductive • Slow • Self-aware • Rule-following

Quelle: Thaler/Sunstein, 2008, 20

Wie System 1 und System 2 funktionieren, haben Thaler und Sunstein (2008, 21 f.) anhand der folgenden Aufgabe verdeutlicht: „Ein Schläger und ein Ball kosten insgesamt 1,10 Dollar. Der Schläger kostet 1,00 Dollar mehr als der Ball. Wie viel kostet der Ball?“ Die Antwort, die den meisten Menschen auf diese Frage intuitiv in den Sinn kommt (System 1-Denken), lautet „zehn Cent“. Wenn man jedoch genauer darüber nachdenkt und diese Antwort reflektiert (System 2-Denken), wird man schnell feststellen, dass diese erste Antwort falsch ist. Wenn der Ball nämlich zehn Cent kosten würde und der Schläger einen Dollar mehr als der Ball, also 1,10 Dollar, dann kosten sie zusammen 1,20 Dollar und nicht 1,10 Dollar. Die richtige Antwort lautet also fünf Cent. Macht man sich also nicht gerade die Mühe zu überprüfen, ob seine intuitive Antwort von 10 Cent falsch sein könnte, neigt man dazu, auch bei so einfachen Aufgaben Flüchtigkeitsfehler zu machen. Die meisten Menschen haben jedoch in ihrem Alltag keine Zeit, über alles nachzudenken und es zu analysieren. Wenn wir also spontane Urteile fällen müssen, wie z. B. die Entfernung zwischen zwei Städten schätzen, greifen wir auf einfache und nützliche Daumenregeln zurück, um uns auf die Schnelle zu helfen. Obwohl Faustregeln sehr hilfreich sein können, kann ihre Anwendung auch zu systematischen Verzerrungen führen, welche aus dem Zusammenspiel zwischen dem automatischen System und dem reflektiven System entstehen. Eines der Hauptziele von Thaler und Sunstein (2008) war es schließlich, mit der Nudge-Theorie herauszufinden, wie die Welt für Menschen, die sich auf ihr automatisches System verlassen, einfacher und besser gemacht werden kann (Thaler/Sunstein, 2008, 21 ff.).

Die Duale Prozesstheorie bietet somit ein Instrument zur weiteren Erklärung und Vorhersage menschlichen Verhaltens und versucht zu erklären, wie die vermeintlich irrelevanten Merkmale von Entscheidungskontexten die menschliche Entscheidungsfindung und das Verhalten systematisch beeinflussen (Evans, 2008; Gawronski/Sherman/Trope, 2014). So sind beide Systeme sind mit einer Reihe von heuristischen und kognitiven Biases verbunden (Tversky/Kahneman, 1974), welche in den folgenden Abschnitten näher erläutert werden.

2.2.3 Heuristiken: wie wir uns über mentale Abkürzungen das Entscheiden einfacher machen

Wie bereits erwähnt, zeigen Tversky und Kahneman (1974, 1124 ff.; 2010, 453 ff.), dass menschliche Urteile und Entscheidungen nicht uneingeschränkt rational sind, sondern häufig von Heuristiken und kognitiven Verzerrungen beeinflusst werden. Heuristiken sind einfache und spontane mentale Daumenregeln oder Abkürzungen, die wir befolgen, wenn wir eine Entscheidung treffen oder ein Problem lösen müssen. Diese intuitiven Regeln können uns sowohl helfen, gute Entscheidungen zu treffen, als auch daran hindern. Insbesondere System 1 neigt dazu, diese kognitiven „Umgehungen" zu nutzen, um uns schnelle Entscheidungen zu erleichtern, was jedoch oft zu falschen Entscheidungen führt. Systematische Fehler, die sich aus der Verwendung von Heuristiken ergeben, werden als kognitive Verzerrungen bezeichnet (Thaler/Sunstein, 2008, 22 ff.; Tversky/Kahneman, 1974, 1124 ff.). In den 1970er Jahren identifizierten Daniel Kahneman und Amos Tversky anhand eigener und anderer empirischer Studien die folgenden drei elementaren menschlichen Heuristiken zur Wahrscheinlichkeitsbewertung: Verfügbarkeit, Repräsentativität und Verankerung.

Bei der Beantwortung von Fragen wie „Wie sehr sollten Sie sich über Wirbelstürme Sorgen machen?" verwenden die meisten Menschen die so genannte **Verfügbarkeitsheuristik**. Sie schätzen die Wahrscheinlichkeit von Risiken ein, indem sie sich fragen, welche Beispiele ihnen einfallen. Wenn Menschen leicht an negative Beispiele denken können, ist die Wahrscheinlichkeit, dass sie ängstlich und besorgt sind, viel größer, als wenn sie das nicht können. Zugänglichkeit und Auffälligkeit stehen dabei in einem engen Zusammenhang mit der Verfügbarkeit. Wenn Menschen beispielsweise selbst ein schweres Erdbeben erlebt haben, werden Sie eher glauben, dass ein Erdbeben wahrscheinlich ist, als wenn Sie darüber in einer Wochenzeitschrift lesen. So werden anschauliche und leicht vorstellbare Todesursachen (z. B. Tornados) oft überhöht eingeschätzt, während weniger anschauliche Ursachen (z. B. Asthmaanfälle) niedrig eingeschätzt werden, selbst wenn sie viel häufiger auftreten (hier um den Faktor 20). So haben auch Ereignisse, die erst kürzlich stattgefunden haben, einen größeren Einfluss auf unser Verhalten und unsere Ängste als frühere Ereignisse. Bei all diesen hochverfügbaren Beispielen ist sich das automatische System des Risikos sehr bewusst (vielleicht zu sehr), ohne auf das reflexive System zurückgreifen zu müssen (Thaler/Sunstein, 2008, 24 ff.; Tversky/Kahneman, 1973). So hilft die Verfügbarkeitsheuristik auch bei der Erklärung vieler risikobezogener öffentlicher und privater Verhaltensweisen wie dem Treffen von Vorsichtsmaßnahmen. Wenn es in der unmittelbaren Vergangenheit keine Überschwemmungen gegeben hat, ist die Wahrscheinlichkeit, dass Menschen, die in Überschwemmungsgebieten leben, eine Versicherung abschließen, deutlich geringer. Auch Menschen, die jemanden kennen, der eine Überschwemmung erlebt hat, sind eher bereit, für sich selbst eine Überschwemmungsversicherung abzuschließen, selbst wenn das Überschwemmungsrisiko in ihrem Wohngebiet gering ist. Voreingenommene Risikobewertungen können ebenfalls geschäftliche Entscheidungen beeinflussen. Wenn Internet-Aktien sehr gut gelaufen sind, kaufen viele Leute Internet-Aktien, auch wenn sie zu diesem Zeitpunkt eine schlechte Investition geworden sind. Wenn eine „Verfügbarkeitsverzerrung“ vorliegt, können sowohl private als auch öffentliche Entscheidungen verbessert werden, wenn die Einschätzungen wieder in Richtung der wahren Wahrscheinlichkeiten gelenkt werden können (Thaler/Sunstein, 2008, 25 f.). Die Verfügbarkeitsheuristik bezieht sich demnach auf die Tendenz, die Wahrscheinlichkeit von Ereignissen zu überschätzen, die erst kürzlich stattgefunden haben oder die besonders anschaulich oder dramatisch sind (Enste/Potthoff, 2021, 20; Tversky/Kahneman, 1973, 207 ff.).

Die **Repräsentativitätsheuristik** tritt auf, wenn Menschen Kategorien verwenden, z. B., wenn sie gebeten werden, die Wahrscheinlichkeit zu beurteilen, dass ein Objekt oder Ereignis A zu einer Kategorie B gehört (Kahneman/Tversky, 1972). Wenn Menschen Dinge kategorisieren und sich dabei auf ihre Repräsentativität verlassen, verwenden sie die Repräsentativitätsheuristik. Damit ein Objekt oder Ereignis eine hohe Repräsentativität für eine bestimmte Kategorie hat, muss es einem Prototyp dieser Kategorie sehr ähnlich sein. Repräsentativ hat zwei Bedeutungen: Der zum Vergleich herangezogene Prototyp ist repräsentativ für seine Kategorie, und Repräsentativität ist auch eine Beziehung zwischen diesem Prototyp und dem zu kategorisierenden Gegenstand (Thaler/Sunstein, 2008; Tversky/Kahneman, 1973). Zur Veranschaulichung der Beurteilung nach Repräsentativität führen Tversky und Kahneman (1974, 1124) das Beispiel von Steve an. In dem Beispiel wird die fiktive Person Steve u. a. mit Eigenschaften wie schüchtern, zurückhaltend, hilfsbereit, ordentlich und detailverliebt beschrieben. Wenn Menschen nun die Wahrscheinlichkeit einschätzen müssten, dass Steve einen bestimmten Beruf aus einer Liste von Möglichkeiten ausübt (z. B. Landwirt, Verkäufer, Pilot, Bibliothekar, Arzt), wird die Wahrscheinlichkeit, dass Steve beispielsweise Bibliothekar ist, danach beurteilt, inwieweit er für den Stereotyp eines Bibliothekars repräsentativ ist oder ihm ähnelt. Diese Herangehensweise an die Wahrscheinlichkeitsbeurteilung führt zu schwerwiegenden Fehlern, weil die Wahrscheinlichkeitsbeurteilung von mehreren Faktoren als nur der Ähnlichkeit beeinflusst werden sollte. Einer dieser Faktoren, der sich nicht auf die Repräsentativität auswirkt, aber eine große Auswirkung auf die Wahrscheinlichkeit haben sollte, ist beispielsweise die Vorwahrscheinlichkeit bzw. die Basishäufigkeit der Ergebnisse. Im Fall von Steve sollte zum Beispiel die Tatsache, dass es in der Bevölkerung viel mehr Landwirte als Bibliothekare gibt, in jede vernünftige Schätzung der Wahrscheinlichkeit einfließen (Tversky/Kahneman, 1974, 1124). Die Repräsentativitätsheuristik beschreibt demnach eine Tendenz, bei der Beurteilung von Wahrscheinlichkeiten, die aktuelle Situation mit dem repräsentativsten mentalen Prototyp zu vergleichen. Dies kann zu einer Überschätzung der Wahrscheinlichkeit von Ereignissen führen, die mit unseren Erwartungen übereinstimmen (Enste/Potthoff, 2021, 20).

Die **Ankerheuristik** wird verwendet, wenn Menschen numerische Schätzungen vornehmen. In vielen Situationen gehen Menschen bei ihren Schätzungen von einem Ausgangswert („Anker“) aus, der angepasst wird, um die endgültige Antwort zu erhalten. Der Ausgangswert kann durch die Formulierung des Problems vorgegeben sein, oder er kann das Ergebnis einer unvollständigen Berechnung sein. In beiden Fällen sind die Anpassungen in der Regel nicht ausreichend. Das heißt, dass unterschiedliche Ausgangswerte zu unterschiedlichen Schätzungen führen, die in Richtung der Ausgangswerte verzerrt sind. In einem Experiment zur Prüfung des Verankerungseffekts sahen die Probanden zu, wie eine Zahl aus einem sich drehenden Glücksrad ausgewählt wurde. Anschließend wurden sie gebeten zu schätzen, ob der Prozentsatz der afrikanischen Länder in den Vereinten Nationen größer oder kleiner als der „Anker“ war und welchen Prozentsatz sie schließlich als Antwort schätzen würden. Die Antworten der Probanden korrelierten mit der irrelevanten Zahl, die sie durch das Glücksrad erhalten hatten. Probanden, die einen höheren Glücksrad-Wert erhalten hatten, schätzten den Prozentsatz im Durchschnitt höher ein als Probanden, die einen niedrigeren Glücksrad-Wert erhalten haben. Das Ergebnis zeigt also, dass selbst willkürliche Zahlen, wie die des Glücksrads, einen deutlichen Einfluss auf Einschätzungen haben können (Tversky/Kahneman, 1974, 1128 ff.). Nach der ursprünglichen Beschreibung von Tversky und Kahneman (1974) liegt diese Heuristik demnach vor, wenn eine leicht verfügbare Zahl – der Anker – dazu führt, dass unsere Antworten in einer Weise nach oben oder unten verschoben werden, die plausibel erscheint.

Die Verankerungs- und Anpassungsheuristik wirkt sich auf die Entscheidungsfindung in verschiedenen Zusammenhängen aus, z. B. bei Gehalts- und Preisverhandlungen und medizinischen Diagnosen. Die Zahl, für die sich ein Mensch in einer bestimmten Situation entscheiden muss, kann aufgrund dieser Heuristik beeinflusst werden, indem ihm auf subtile Weise ein Ausgangspunkt für seinen Denkprozess vorgeben wird. So kann beispielsweise die geschickte Ausnutzung des Verankerungseffekts den Betrag erhöhen, den Personen bereit sind, für etwas zu zahlen (Cherry, 2021; Enste/Potthoff, 2021, 20; Thaler/Sunstein, 2008, 24). Aus diesem Grund bieten Wohltätigkeitsorganisationen in der Regel eine Reihe von Spende-Optionen zwischen. 100 und 5.000 Dollar and, da so die Menschen mehr spenden werden, als wenn die Optionen zwischen 50 und 150 Dollar liegen würden (Thaler/Sunstein, 2008, 24).

2.2.4 Kognitive Biases: warum wir nicht immer die optimalen Entscheidungen treffen

Systematische Fehler, die sich aus der Verwendung von Urteilsheuristiken ergeben, werden den kognitiven Biases zugeschrieben. Die Arbeiten von Kahneman und Tversky sowie nachfolgende Studien anderer Wissenschaftler haben dazu geführt, dass Heuristiken und kognitive Verzerrungen zu einem wichtigen Forschungsgebiet geworden sind (Enste/Potthoff, 2021, 22). Im Folgenden werden einige der für den Unternehmenskontext wichtigsten kognitiven Biases vorgestellt, da diese Erklärungsansätze für gewisse Verhaltensweisen von Mitarbeitern und Verbrauchern, wie in Kapitel 3 und 4 dargestellt, bieten.

Ein wichtiges Verhaltensmodell, das in dem Bereich der kognitiven Biases entwickelt wurde, ist die von Kahneman und Tversky (1979, 263 f.) entwickelte **Prospect-Theorie**, welche als alternatives Modell zur Theorie des erwarteten Nutzens entwickelt wurde und die menschliche Entscheidungsfindung unter Unsicherheit bzw. in Situationen mit Risiken beschreibt. Die Prospect-Theorie konnte mehrere Phänomene feststellen, welche gegen die Grundsätze der Theorie des erwarteten Nutzens verstoßen. So haben Studien gezeigt, dass der subjektive Wert eines Gewinns nicht linear mit dem tatsächlichen Gewinn ansteigt (siehe Abbildung 2.1). Die abrupte Abflachung der Kurve für den positiven Wert von Gewinnen und die doppelt so hohe Steigung der Kurve für den negativen Wert von Verlusten in Abbildung 2.1 zeigt, dass Menschen bei positiven Ereignissen sichere Gewinne gegenüber unsicheren Gewinnen bevorzugen, während sie bei negativen Ereignissen dazu neigen, einen unsicheren, hohen Verlust gegenüber einem sicheren, aber niedrigen Verlust zu bevorzugen. Das folgende von Thaler (1980, 41 ff.) durchgeführte Experiment verdeutlicht dieses Phänomen. Im ersten Teil des Versuchs wurde eine Menschengruppe von 70 Personen vor die Aufgabe gestellt, zwischen zwei Optionen zu wählen. So wurde allen Personen 1.000€ gegeben. Anschließend wurden sie vor die Wahl gestellt, entweder mit einer 50-prozentigen Wahrscheinlichkeit den vollen Betrag von 1.000€ zu behalten bzw. zu verlieren (A), oder mit einer 100-prozentigen Wahrscheinlichkeit nur 500€ zu behalten und 500€ zu verlieren (B). Insgesamt entschieden sich 16 Prozent der Studienteilnehmer für Option A und 84 Prozent für Option B. Im zweiten Teil des Versuchs wurde 68 Teilnehmern der gleiche Betrag gegeben, nur konnten sie diesmal mit einer 50-prozentigen Wahrscheinlichkeit den vollen Betrag von 1.000€ verlieren bzw. behalten (C), oder mit einer 100-prozentigen Wahrscheinlichkeit 500€ behalten und 500€ verlieren (D). In diesem Versuch wählten 69 Prozent der Teilnehmer Option C, während sich 31 Prozent für Option D entschieden. Dieses Beispiel zeigt, dass Gewinne anders behandelt werden als Verluste und bei Verlusten eher eine Risikobereitschaft beobachtet, während bei Gewinnen eine Risikoaversion beobachtet wird. Dieses Phänomen wird als **Verlustaversion** bezeichnet und beschreibt genau den Umstand, dass Menschen den Ärger, den sie empfinden, wenn sie eine Geldsumme verlieren, höher gewichten als die Freude, die mit dem Gewinn der gleichen Summe verbunden ist. Verluste schmerzen uns demnach mehr, als Gewinne uns freuen.

Die von Kahneman und Tversky (1979) festgestellte irrationale Neigung von Menschen, risikofreudig zu sein, wenn sie mit einer kleinen Chance auf einen großen Gewinn konfrontiert sind, und risikoscheu, wenn sie mit einer kleinen Chance auf einen großen Verlust konfrontiert sind, wird im Allgemeinen als „**Übergewichtung kleiner Wahrscheinlichkeiten**" bezeichnet (Chen/Jia, 2005, 5). Ereignisse mit einer geringen Eintrittswahrscheinlichkeit können somit überschätzt oder als wahrscheinlicher angesehen werden, als sie tatsächlich sind. Beispielsweise könnte jemand, der einen Umzug nach San Francisco in Erwägung zieht, die Wahrscheinlichkeit überschätzen, dass die Bay Area in den nächsten fünf Jahren von einem Erdbeben heimgesucht wird. Aber auch kleine Wahrscheinlichkeitsereignisse können bei Entscheidungen eine große Rolle spielen,

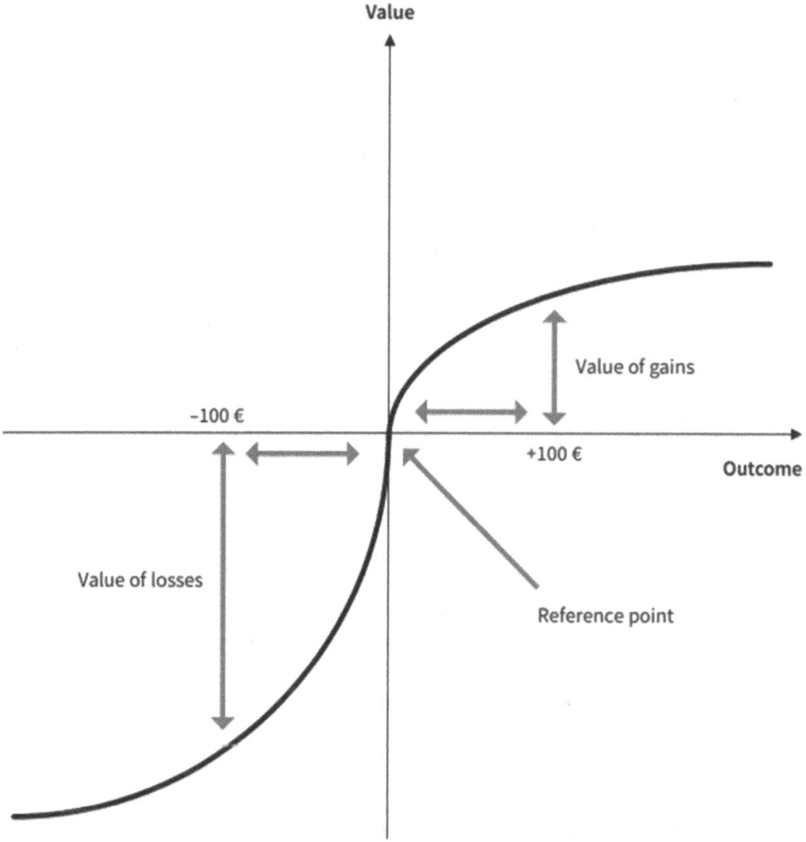

Abbildung 2.1 Die Wertfunktion der Prospect-Theorie. (Quelle: Enste/Potthoff, 2021, 23 nach Kahneman/Tversky, 1979, 200)

selbst wenn diese Ereignisse nicht überschätzt werden. So finden beispielsweise Verbraucher Lotterielose attraktiv, obwohl sie sich der geringen Gewinnchancen bewusst sind (Burns/Chiu/Wu, 2010). Diese Übergewichtung seltener Ereignisse kann mitunter durch die bereits vorgestellte Verfügbarkeitsheuristik sowie den Verankerungseffekt erklärt werden (siehe 2.2.3).

Weitere Studien haben gezeigt, dass Gewinne und Verluste in Bezug auf einen Referenzpunkt definiert werden. Änderungen des Referenzpunktes können Entscheidungen wie in dem eben vorgestellten Beispiel verändern (Thaler,

1980, 42). So ist eine wesentliche Erkenntnis aus der Prospect-Theorie der **Status quo Bias**, welcher die Tendenz beschreibt, den aktuellen Stand der Dinge oder frühere Entscheidungen gegenüber Veränderungen übermäßig zu bevorzugen, selbst wenn der Status quo nicht mehr die optimale Alternative ist. Diese Anomalie wurde zum ersten Mal in einer experimentellen Studie von Samuelson und Zeckhauser (1988) dokumentiert. Der Status quo wird demnach als Referenzpunkt genommen, von welchem Abweichungen entweder als Verlust oder als unerwünschtes Risiko betrachtet werden. Diese kognitive Verzerrung erklärt unsere Neigung, an unserer aktuellen Situation festzuhalten sowie unsere Vorliebe für Vertrautheit. (Kahneman/Knetsch/Thaler, 1991, 197 ff.; Kempf/Ruenzi, 2005, 16). So erwies sich auch die Ersetzung der „alten" durch eine „neue" Coca Cola als Marketingfehler, welcher auf dem Versäumnis beruhte, die Voreingenommenheit gegenüber dem Status quo zu erkennen. In blinden Geschmackstests wurde festgestellt, dass die Verbraucher den süßeren Geschmack der neuen Coca Cola mit großem Abstand der alten Variante vorzogen. Die Loyalität der Cola-Konsumenten gegenüber dem Status quo überwog jedoch bei weitem die geschmacklichen Unterschiede, die in Blindverkostungen festgestellt wurden. Coke Classic wurde zur Zeit des Versuchs im Verhältnis drei zu eins von der neuen Cola übertroffen (Samuelson/Zeckhauser, 1988, 11). Die kontrollierten Experimente von Samuelson und Zeckhauser (1988, 41) zeigten zudem, dass der Status quo Bias relativ gesehen mit der Anzahl der Wahlalternativen zunimmt. Als beste Erklärung für diese Voreingenommenheit sehen die Autoren, dass die Entscheidung für den Status quo als psychologischer Anker wirkt. Grob gesagt ist der Verankerungseffekt umso stärker, je stärker sich der Einzelne zuvor für den Status quo engagiert hat. Darüber hinaus konnten Kahneman und Tversky (1982, 160 ff.) feststellen, dass Menschen dazu neigen, schlechte Ergebnisse, die sich aus neuen Handlungen ergeben, stärker zu bedauern als die negativen Folgen von Untätigkeit.

Ein weiterer Entscheidungsfehler, der mit der Prospect-Theorie zusammenhängt, ist der **Framing-Effekt**, ein Phänomen, bei dem jemand eine Entscheidung trifft, die auf der Art und Weise beruht, wie die Informationen präsentiert werden (Enste/Potthoff, 2021, 24). Kahneman und Tversky (2010, 453) verdeutlichen die Auswirkung von Variationen im Framing anhand der folgenden zwei Probleme. Das erste Problem, welches mit einer Gruppe von 152 Personen durchgeführt wurde, beschreiben sie wie folgt: Stellen Sie sich vor, die USA bereiten sich auf den Ausbruch einer ungewöhnlichen asiatischen Krankheit vor, die voraussichtlich 600 Menschen töten wird. Auf Basis wissenschaftlicher Schätzungen zu den Folgen wurden zwei alternative Programme zur Bekämpfung der Krankheit vorgeschlagen. Wenn Programm A angenommen wird, werden 200 Menschen gerettet und wenn Programm B angenommen wird, besteht eine Wahrscheinlichkeit von 1/3, dass 600 Menschen gerettet werden, und eine Wahrscheinlichkeit von 2/3, dass keine Menschen gerettet werden. Als Antwort auf die Frage, welchem der beiden Programme die Versuchsteilnehmer Vorzug geben würden, wählte eine Mehrheit von 72 Prozent das Programm A. Die Mehrheit ist bei diesem Problem also risikoscheu: Die Aussicht, mit Sicherheit 200 Menschenleben zu retten, ist attraktiver als eine riskante Aussicht mit gleichem Erwartungswert, d. h. eine Chance von eins zu drei, 600 Menschenleben zu retten. In dem anderen Problem wurde bei einer zweiten Gruppe von 155 Befragten in Bezug auf das gleiche Szenario lediglich die alternativen Programme anders beschrieben: Wenn Programm C angenommen wird, werden 400 Menschen sterben und wenn Programm D angenommen wird, besteht eine Wahrscheinlichkeit von 1/3, dass niemand stirbt, und eine Wahrscheinlichkeit von 2/3, dass 600 Menschen sterben. Bei dieser Formulierung erwies sich eine Mehrheit von 78 Prozent als risikofreudig: Der sichere Tod von 400 Menschen ist weniger akzeptabel als die zwei zu drei Chance, dass 600 Menschen sterben werden. Die Präferenzen in den beiden faktisch identischen Problemen veranschaulichen ein gemeinsames Muster: Entscheidungen, die mit Gewinnen verbunden sind (Anzahl der geretteten Leben – erstes Problem), sind oft risikoscheu, und Entscheidungen, die mit Verlusten verbunden sind (Anzahl der verlorenen Leben – zweites Problem), sind oft risikofreudig. Die Änderung der beschriebenen Ergebnisse gingen somit mit einer deutlichen Verschiebung von der Risikoaversion zur Risikobereitschaft einher.

Forschung zur **Sunk cost fallacy**, eine weitere kognitive Verzerrung, welche im Zusammenhang mit der Prospect-Theorie steht, zeigt, dass Menschen die Tendenz haben, ein Vorhaben weiterzuverfolgen, wenn wir bereits Zeit, Mühe oder Geld in es investiert haben, unabhängig davon, ob die aktuellen Kosten den Nutzen überwiegen oder nicht. Die normative Wirtschaftstheorie besagt hingegen, dass in der Vergangenheit entstandene Kosten für künftige Grenzerträge irrelevant sind, versunkene Kosten also ignoriert werden müssten (Haita-Falah, 2017, 44). Thaler (1980, 47) argumentiert mit folgendem Beispiel für das Gegenteil: Ein Mann tritt einem Tennisclub bei und zahlt einen jährlichen Mitgliedsbeitrag von 300 Dollar. Nach zwei Wochen Spielzeit zieht er sich einen Tennisarm zu. Er spielt trotzdem unter Schmerzen, weil er die 300 Dollar nicht verschwenden möchte. Demnach, so Thaler (1980), erhöht die Zahlung für das Recht auf Nutzung eines Gutes oder einer Dienstleistung die Nutzungsrate des Gutes ceteris paribus. Als Erklärung für die sunk cost fallacy plädiert Thaler (1980, 48 f.) für die Prospect-Theorie, die die Tatsache beschreibt, dass wir eher dazu neigen, Verluste zu vermeiden, als nach Gewinnen zu streben. Er erklärt, dass die Konvexität der Nutzenfunktion im Bereich der Verluste, d. h. das risikofreudige Verhalten, für die Eskalation einer Anfangsinvestition verantwortlich ist. So haben wir vielleicht das Gefühl, dass unsere bisherige Investition „verloren" ist, wenn wir die Entscheidung nicht weiterverfolgen, und treffen eine Entscheidung auf der Grundlage von Verlustaversion, anstatt die Vorteile zu berücksichtigen, die sich ergeben würden, wenn wir unser Engagement nicht fortsetzen.

Das Verhalten kann außerdem durch die Handlungen anderer beeinflusst werden, unabhängig davon, welche Überzeugungen der Einzelne vertritt, was als **„Mitläufereffekt"** („bandwagon effect") bekannt ist. In den 1950er Jahren führte Solomon Asch (1995) eine Reihe von Experimenten durch, in denen die Probanden einfache Aufgaben lösen sollten. Während die Versuchsteilnehmer sich fast nie irrten, wenn sie die Aufgabe alleine lösen sollten, irrten sie sich in mehr als einem Drittel der Fälle, wenn alle andere Personen vor ihnen eine falsche Antwort gaben. Bei einer Reihe von zwölf Fragen stimmten sogar fast drei Viertel der Personen mindestens einmal mit der Gruppe von Fremden überein und widersetzten sich damit der Wahrnehmung ihrer eigenen Sinne. Sozialwissenschaftler stellten unter denselben grundlegenden Umständen wie bei Aschs Experimenten im Allgemeinen weniger Konformität fest, wenn Menschen gebeten werden, anonym zu antworten. Die Wahrscheinlichkeit, dass Menschen sich anpassen, ist demnach größer, wenn sie wissen, dass andere Menschen ihre Antworten sehen werden. Experimentelle Studien haben ebenfalls Hinweise auf Mitläufereffekte bei politischen Entscheidungen gefunden. Ein Beispiel ist der Kommunismus im ehemaligen Sowjetblock, der sich zum Teil deshalb hielt, weil den Menschen nicht bewusst war, wie viele Menschen das Regime ablehnten (Thaler/Sunstein, 2008. 55 ff.).

Menschen scheinen auch dem **Optimismus-Bias** zu unterliegen, welcher sich auf die Tatsache bezieht, dass Menschen in der Regel dazu neigen, die Chancen eines positiven Ereignisses zu überschätzen und die Wahrscheinlichkeit, dass ihnen etwas Negatives widerfährt, zu unterschätzen (Enste/Potthoff, 2021, 25). Dieser Optimismus betrifft auch das Selbstbild, welches wir Menschen in der Regel von uns haben. Menschen neigen dazu, sich Erfolge selbst zuzuschreiben und die Ursachen für Misserfolge eher durch externe Faktoren zu begründen, was häufig zu einer Überschätzung der eigenen Fähigkeiten führt. In der Wissenschaft wird diese Tendenz zur Selbstüberschätzung als **Dunning-Krüger-Effekt** bezeichnet (Dunning, 2011). Diese Urteilsverzerrung betrifft auch Zeiteinschätzungen, weshalb Misserfolge bei der zeitlichen Planung früherer Projekte häufig durch das Wirken externer Ursachen begründet und nicht auf sich selbst zurückgeführt werden (Buehler/Griffin, 2003). So steht der Optimismus-Bias auch im engen Zusammenhang mit dem **Planungsfehler** („planning fallacy"), der die Tendenz von Menschen beschreibt, die Zeit, die sie für die Erledigung einer zukünftigen Aufgabe benötigen, zu unterschätzen, obwohl sie wissen, dass frühere Aufgaben im Allgemeinen länger gedauert haben als geplant (Buehler/Griffin/Peetz, 2010; Kahneman/Tversky, 1979). Damit ein Projekt mit konjunktivem Charakter, z. B. die Entwicklung eines neuen Produkts, zum erfolgreichen Abschluss kommt, muss jedes einzelne Ereignis aus einer Reihe von Ereignissen eintreten. Bei einer hohen Anzahl von Ereignissen kann die Gesamtwahrscheinlichkeit des Erfolgs also gering sein, selbst wenn die Wahrscheinlichkeit der einzelnen Ereignisse recht hoch ist. Unsere allgemeine Tendenz, die Wahrscheinlichkeit konjunktiver Ereignisse zu überschätzen, führt zu einem ungerechtfertigten Optimismus bei der Bewertung der Wahrscheinlichkeit, dass ein Projekt rechtzeitig abgeschlossen wird (Tversky/Kahneman, 1974, 1129). So liegt auch ein großes Problem bei der strategischen Erneuerung größerer Unternehmen in der mangelhaften Durchführung der langfristigen Planung. So wurden im Rahmen einer Untersuchung in einem großen deutschen Industrieunternehmen in einer technischen Abteilung mit rund 800 Mitarbeitern mehr als 100 strategische Initiativen festgestellt, welche wiederrum aus vielen Aktivitäten bestand. Die Erfolgsquote dieser Initiativen war jedoch außerordentlich niedrig, was darauf zurückzuführen war, dass die für den Erfolg erforderlichen Ressourcen durchweg unterschätzt wurden (Ebert/Freibichler, 2017, 3). Weitere bekannte Beispiele für zeitlich zu optimistisch kalkulierte Projekte umfassen Stuttgart 21, den Bau der Elbphilharmonie oder der Flughafen Berlin-Brandenburg (Walczack, 2015).

Eine weitere in Organisationen weit verbreitete Bias ist die **Informationsverzerrung** („information bias") – die Tendenz, immer mehr Informationen zu suchen, auch wenn sie keinen Einfluss auf das Handeln haben (Baron/Beattie/Hershey, 1988). Empirische Studien über Informationen in Unternehmen zeigen, dass Organisationen systematisch mehr Informationen sammeln, als sie nutzen und trotzdem immer mehr Informationen anfordern oder sich über unzureichende Informationen beschweren. Die klassische Darstellung organisatorischer Entscheidungen ist eine einfache Erweiterung der entscheidungstheoretischen Vorstellungen über individuelle Entscheidungen. Organisationen treffen explizite und implizite Entscheidungen über die Suche und Nutzung von Informationen, die die Schätzungen zukünftiger Konsequenzen und zukünftiger Präferenzen verbessern könnten. Suchverhalten, Investitionen in Informationen und das Management von Informationen werden also von dem Wunsch angetrieben, Entscheidungen zu verbessern. Der Wert von Informationen hängt von der Relevanz der Information für die zu treffende Entscheidung sowie von ihrer Genauigkeit, ihren Kosten und ihrer Zuverlässigkeit ab. Informationen haben somit einen Wert, wenn sie die Entscheidung beeinflussen. Sie sind eine gute Investition, wenn ihr erwarteter

Grenzertrag zur Verbesserung von Entscheidungen ihre Grenzkosten übersteigt. Die Berechnung des Informationswerts in einem bestimmten Fall ist jedoch meist schwierig. Fallstudien in privaten und öffentlichen, gewinnorientierten und gemeinnützigen sowie großen und kleinen Organisationen zeigten, dass es in Prozessen der Problemlösung und Entscheidungsfindung kaum einen systematischen Zusammenhang zwischen den getroffenen Entscheidungen und den gesammelten Informationen gab (Feldman/March, 1981, 172 ff.). Eine Erklärung für den auffälligen Überkonsum von Informationen in Organisationen sehen Feldman und March (1981, 177 ff.) in dem symbolischen Charakter und sozialen Wert, den Informationen im Unternehmenskontext haben. Die Nutzung von Informationen symbolisiert eine Verpflichtung zu rationalen Entscheidungen. Das Sammeln von Informationen stellt also eine Versicherung dar, dass eine angemessene Einstellung zur Entscheidungsfindung besteht. Die Informationssammlung signalisiert somit persönliche und organisatorische Kompetenz.

Ein weiteres häufiges kognitives Hindernis für eine rationale Entscheidungsfindung ist die Überauswahl. Das sogenannte **Paradoxon der Wahlmöglichkeiten** („paradox-of-choice") besagt, dass bei einer zu großen Auswahl das Problem besteht, dass zu viele Wahlmöglichkeiten die Verbraucher überfordern und lähmen können. Aktuelle psychologische Theorien und Forschungen bestätigen die positiven affektiven und motivationalen Auswirkungen der persönlichen Wahlmöglichkeiten. Diese Erkenntnisse haben zu der weit verbreiteten Vorstellung geführt, dass die menschliche Fähigkeit Entscheidungen zu treffen und der Wunsch danach unbegrenzt sind. Wir sehen Wahlmöglichkeiten als das entscheidende Zeichen dafür, dass wir Freiheit und Autonomie haben. Es ist somit nur logisch zu glauben, dass Wahlmöglichkeiten gut sind und dass mehr Wahlmöglichkeiten besser sind (Iyengar/Lepper, 2000, 995; Schwartz/Ward, 2004, 86 f.). Die Ergebnisse von drei experimentellen Studien stellen diese implizite Annahme jedoch deutlich in Frage. In einem der Experimente trafen beispielsweise 242 Verbraucher, die in einem gehobenen Lebensmittelgeschäft einkauften, auf einen Verkostungsstand, der entweder sechs oder eine umfangreiche Auswahl an 24 verschiedenen Marmeladensorten anbot. Die beiden abhängigen Maße für die Motivation der Kunden waren ihre anfängliche Anziehungskraft auf den Verkostungsstand und ihr anschließendes Kaufverhalten. Während es zwischen der Anzahl der Marmeladensorten, welche die Kundschaft an den beiden Ständen probierte, keinen signifikanten Unterschied gab, zeigte sich jedoch ein signifikanter Unterschied in der Anzahl der verkauften Marmeladen. Während fast 30 Prozent der Kunden in der Bedingung mit eingeschränkter Auswahl anschließend ein Glas Marmelade kauften, waren es in der Bedingung mit umfangreicher Auswahl nur drei Prozent. Somit erwies sich die Wahrscheinlichkeit, dass die

Verbraucher, die zunächst nur eine begrenzte Auswahl hatten, das Produkt kauften, als wesentlich höher als bei den Verbrauchern, die zunächst mit einer viel größeren Auswahl konfrontiert waren. Darüber hinaus zeigten weitere Experimente, dass die Verbraucher später zufriedener mit ihrer Auswahl, wenn ihre ursprüngliche Auswahl begrenzt war (Iyengar/Lepper, 2000, 996 f.).

Ein weiteres kognitives Bias liegt in unseren **zeitinkonsistenten, gegenwartsabhängigen Präferenzen** („present-biased preferences" oder auch „instant gratification bias"), welche in Richtung der Gegenwart verzerrt sind und die menschliche Tendenz beschreibt, unmittelbare Belohnungen zu ergreifen und unmittelbare Kosten zu vermeiden. Dem gegenüber stehen traditionelle ökonomische Modelle der intertemporalen Wahl, welche implizieren, dass die Präferenzen von Individuen bezüglich einer zukünftigen Entscheidung konsistent bleiben, wenn der Zeitpunkt der Wahl näher rückt. Verhaltensökonomen hingegen beziehen das Potenzial für zeitliche Inkonsistenz in ihre Entscheidungsmodelle ein, um zu erklären, warum sich unsere Präferenzen häufig ändern, wenn potenzielle Kosten und Vorteile unmittelbarer realisiert werden. Wenn man uns beispielsweise vor die Wahl stellt, ob wir am 1. April sieben Stunden einer unangenehmen Tätigkeit nachgehen sollen oder acht Stunden am 15. April, würde praktisch jeder, der am 1. Februar gefragt wird, die sieben Stunden am 1. April vorziehen. Aber am 1. April, wenn wir die gleiche Wahl haben, sind die meisten von uns geneigt, die Arbeit auf den 15. April zu verschieben. Solche Tendenzen werden in der Forschungsliteratur als gegenwartsabhängige Präferenzen bezeichnet: Wenn wir einen Kompromiss zwischen zwei zukünftigen Zeitpunkten in Erwägung ziehen, geben die gegenwartsbezogenen Präferenzen dem früheren Zeitpunkt ein stärkeres Gewicht, je näher er rückt. Diese Erkenntnisse erklären weitverbreitete Phänomene wie Prokrastination und Überessen, welche beide auf dieselbe zugrundeliegende Neigung zu sofortiger Befriedigung zurückzuführen sind (O'Donoghue/Rabin, 1999, 103 f.). Die Tendenz zur unmittelbaren Befriedigung kann überdies in manchen Fällen ebenfalls die Kluft zwischen Absicht und Verhalten (auch als **„Intention-Behavior-Gap"** bezeichnet) erklären. So wissen wir vielleicht, dass eine Fitnessroutine langfristige Vorteile mit sich bringt, aber die nächste Folge unserer Lieblingsserie zu sehen, ist in dem Moment der Wahl befriedigender. Die Diskrepanz zwischen Intention und Verhalten kann jedoch auch daraus resultieren, dass wir zu ehrgeizig sind und uns unrealistische Ziele setzen (The Decision Lab, 2022).

Das Konzept der **Wahlklammerung** („choice bracketing") bezieht sich auf die menschliche Tendenz, Entscheidungen eher einzeln zu betrachten, anstatt sie in einen umfassenderen Kontext zu stellen und ist für das Verständnis eines

Großteils der menschlichen Entscheidungen von zentraler Bedeutung. Genaugenommen neigen wir dazu, einzelne Wahlmöglichkeiten in Sets zu gruppieren. Ein Set besteht demnach aus Entscheidungen, welche unter Berücksichtigung der Auswirkungen auf alle anderen Entscheidungen im gleichen Set getroffen werden, ohne aber Entscheidungen außerhalb des Sets zu berücksichtigen. Wenn die Sets klein sind und nur eine oder sehr wenige Wahlmöglichkeiten enthalten, spricht man von einer „engen" Klammerung, während man bei großen Sets von einer „breiten" Klammerung spricht. Eine breite Klammerung ermöglicht es den Menschen also, umfassendere Konsequenzen ihrer Handlungen zu berücksichtigen und fördert somit die Nutzenmaximierung (Read/Loewenstein/Racbin, 1999, 171 f.). Zur Veranschaulichung der Auswirkungen der engen und breiten Wahlklammerung haben Read et al. (1999, 172 f.) das folgende Zigaretten-Beispiel aufgeführt: Wenn man sich für eine Zigarette nach der anderen entscheidet, kann der erwartete Genuss jeder einzelnen Zigarette die trivialen gesundheitlichen Folgen aufwiegen, sodass das Anzünden der Zigarette die beste Wahl zu sein scheint (enge Klammerung). Werden jedoch 7.300 einzelne Zigarettenentscheidungen eines Rauchers, der täglich eine Schachtel raucht, für ein ganzes Jahr zusammengefasst, erscheinen die gesundheitlichen Folgen weniger trivial und könnten den Genuss überwiegen (breite Klammerung). Der Einzelne, der 7.300 individuell unbedeutende Entscheidungen zum Rauchen trifft, trifft also eine Gesamtentscheidung, die vielleicht nicht getroffen worden wäre, wenn er alle Entscheidungen zusammengerechnet hätte. Ob jemand, der Zigaretten mag, zum lebenslangen Raucher wird oder nicht, kann also zum Teil davon abhängen, wie er seine Entscheidungen einordnet. Ein weiteres Beispiel von Cicchetti und Dubin (1994) zeigt, dass das Konzept der Wahlklammerung eng mit der Risiko- und Verlustaversion zusammenhängt. So schließen Verbraucher überteuerte Telefonleitungsversicherungen ab, weil sich so gegen einen erwarteten monatlichen Verlust versichern wollen und es aus einer kurzfristigen Sicht vernünftig erscheint, dieses Risiko zu vermeiden. Aus der Perspektive des Risikos für die Lebenszeit-Konsumkraft ist das Ausmaß des Risikos jedoch verschwindend gering. Die Verlustaversion würde sich also kaum auf die Entscheidungsfindung auswirken, wenn Menschen mehrere Entscheidungen zusammenfassen würden. Das liegt daran, dass Verlustaversion nur bei Entscheidungen eine Rolle spielt, die entweder zu Gewinnen oder zu Verlusten führen können. Daher ist es oft nicht die Verlustaversion allein, sondern die Kombination aus Verlustaversion und enger Klammerung, die Probleme verursacht.

Die dem Konzept zugrunde liegende Prämisse ist also, dass eine breite Klammerung in der Regel zu besseren Ergebnissen führt als eine enge Klammerung. Es muss allerdings bedacht werden, dass eine breite Klammerung nicht immer die vorteilhaftere Vorgehensweise ist. So werden bei einer breiten Klammerung kleine Unannehmlichkeiten oder Ärgernisse in Kauf genommen, um langfristige Vorteile zu erzielen. Die breite Klammerung ist also nur vorteilhaft, wenn die Unannehmlichkeiten (z. B. Verzicht auf Geld durch Anlage in Aktien) durch den erwarteten Gewinn (Wohlstand im Ruhestand) entschädigt wird, was jedoch unmöglich ist, im vornherein zu bestimmen (Read et al., 1999, 191).

Mentale Buchführung („mental accounting") ist die Gesamtheit der kognitiven Operationen, die von Einzelpersonen und Haushalten verwendet werden, um finanzielle Aktivitäten zu organisieren, zu bewerten und im Auge zu behalten. In der Forschungsliteratur erhalten drei Komponenten der mentalen Buchführung die meiste Aufmerksamkeit. Die erste Komponente erfasst, wie die Ergebnisse wahrgenommen und erlebt werden und wie Entscheidungen getroffen und anschließend bewertet werden. Das Buchhaltungssystem liefert den Input für Kosten-Nutzen-Analysen sowohl ex ante als auch ex post. Eine zweite Komponente der mentalen Buchführung ist die Zuordnung von Aktivitäten zu bestimmten Konten. Sowohl in realen als auch in mentalen Buchhaltungssystemen werden die Mittelherkunft und -verwendung gekennzeichnet. Die Ausgaben werden in Kategorien eingeteilt (Wohnung, Lebensmittel usw.), und die Ausgaben werden manchmal durch implizite oder explizite Budgets begrenzt. Die dritte Komponente der mentalen Buchführung betrifft die Häufigkeit, mit der die Konten bewertet werden. Konten können täglich, wöchentlich, jährlich usw. bilanziert werden und sie können eng oder weit definiert werden („Wahlklammerung"). Jede der Komponenten der mentalen Buchführung verstößt gegen den ökonomischen Grundsatz der Fungibilität, weshalb sie die Wahl beeinflusst (Thaler, 1999).

Heuristiken und kognitive Biases spielen eine wichtige Rolle bei der Problemlösung und Entscheidungsfindung und sind daher von großer Bedeutung für das Verständnis des Entscheidungsfindungsprozessen, wie z. B. von Mitarbeitern und Verbrauchern. Einerseits sind Heuristiken insofern von Vorteil, als sie uns helfen, Entscheidungen und Urteile schnell zu treffen, ohne viel Zeit für die Recherche und Analyse von Informationen aufzuwenden. Andererseits kann die Verwendung von Heuristiken auch zu Fehlern und verzerrten Urteilen führen (Dale, 2018; Enste/Potthoff, 2021, 20; Michalkiewicz, 2019). Nudges sollen helfen, Menschen in diesen Fällen in Richtung der rational besseren Entscheidungen zu lenken.

2.3 Nudge-Techniken: Sanfte Verhaltensbeeinflussung für bessere Entscheidungen

Entgegen den Annahmen des rationalen Nutzenmaximierers „homo oeconomicus" aus der klassischen Wirtschaftstheorie hat die verhaltensökonomische Forschung gezeigt, dass Menschen immer wieder Denk- und Entscheidungsfehler unterlaufen. Grund dafür sind, wie bereits erläutert, kognitive Biases, welche Entscheidungsträger oft unbewusst in ihrem Entscheidungsprozess zu ihren Ungunsten beeinflussen. Die Kenntnis der Funktionsweise des menschlichen Gehirns und seiner kognitiven Begrenzungen kann uns die Werkzeuge an die Hand geben, die wir brauchen, um bewusst eine gute Entscheidungsumgebung zu schaffen und Verhaltensänderungen bei Entscheidungsträgern anzustoßen. Laut Thaler und Sunstein (2008) können Entscheidungsarchitekturen somit einen wichtigen Einfluss auf die Entscheidungen und das Leben anderer haben. Entscheidungsarchitekten können demnach ein Umfeld schaffen, in dem Menschen bessere Entscheidung treffen. Die Autoren stellen die Instrumente – Nudges – vor, die den Entscheidungsarchitekten dabei zur Verfügung stehen. Das Ziel von Nudges ist es immer, Menschen in die richtige Richtung zu lenken, ohne dabei die Philosophie des libertären Paternalismus zu vernachlässigen. Viele dieser Nudges haben bereits ihren Weg in die Politik und in den privaten Sektor gefunden. Im Folgenden werden einige der bekanntesten Nudges kurz vorgestellt, welche in den Kapiteln 3 und 4 anhand von Anwendungsbeispielen aus der Unternehmenspraxis skizziert werden.

2.3.1 Standardeinstellungen: wie Voreinstellungen unsere Entscheidungen beeinflussen

Als einer der bekanntesten und effektivsten Nudges gelten **Standardeinstellungen** („Default-Einstellungen"). Standardeinstellungen sind ein mächtiges Instrument in der Entscheidungsarchitektur, da sie den Weg des geringsten Widerstands darstellen und den geringsten Aufwand erfordern. Wenn wir mit einer Standardeinstellung konfrontiert werden, d. h. einer Option, die gewählt wird, wenn wir nichts tun, ist die Wahrscheinlichkeit groß, dass wir ihr folgen, auch wenn sie nicht die vorteilhafteste für uns ist. Es ist nicht möglich, diese Standardeinstellungen zu vermeiden, da es in jedem System der Entscheidungsarchitektur eine entsprechende Regel geben muss, die festlegt, was passiert, wenn der Benutzer sich entscheidet, nichts zu tun. Viele Organisationen sowohl im öffentlichen als auch im privaten Sektor haben die immense Macht der Standardeinstellungen erkannt. Ein Beispiel für eine Anwendung von Unternehmen ist die automatische Erneuerung von Zeitschriftenabonnements, die dazu führt, dass viele Menschen Zeitschriften abonnieren, die sie gar nicht lesen, und so ihr Geld verschwenden, weil sie nicht bereit sind, die Standardeinstellung zu ändern. Diese Verhaltenstendenzen, nichts zu tun, zeigen, dass Standardeinstellungen in der Tat mächtig sind. Deshalb ist es nach Ansicht der Autoren sehr wichtig zu erkennen, dass die Standardregeln so gewählt werden sollten, dass sie das Leben des Entscheidungsträgers einfacher und besser machen. So kann es beim Herunterladen einer neuen Software für den Verbraucher hilfreich sein, wenn bei der Installation empfohlene Kästchen bereits angekreuzt sind. So müssen die Benutzer nicht erst ein unverständliches Handbuch lesen, um herauszufinden, welche Einstellung sie wählen sollen. Wenn die Auswahl also kompliziert und schwierig ist, werden die Menschen eine vernünftige Standardeinstellung sehr zu schätzen wissen (Thaler/Sunstein, 2008, 83 ff.). Eine Erklärung für die Wirksamkeit von Standardeinstellungen bei der Entscheidungsfindung bietet unsere bereits erläuterte Vorliebe für den Status quo und die Leichtigkeit, eine Entscheidung nicht zu treffen, selbst in wichtigen Bereichen wie Organspenden (Johnson/Goldstein, 2003) und der Altersvorsorge (Thaler/Benartzi, 2004). Voreinstellungen sind jedoch weniger wirksam, wenn die Präferenzen stark ausgeprägt sind und die Alternativen für den Entscheidungsträger deutlich attraktiver sind als die Standardeinstellung (Just/Wansink, 2009).

2.3.2 Soziale Normen: wie sozialer Druck wirkt

Ein zweiter sehr weit verbreiteter Nudge macht sich den Mitläufereffekt zunutze. Wie oben dargelegt (siehe 2.2.4), neigen Menschen dazu, der Masse zu folgen, was begründet, dass **soziale Normen** das menschliche Verhalten stark beeinflussen. Soziale Norm-Nudges können sich entweder auf injunktive oder deskriptive Normen beziehen. Während injunktive Normen dem Individuum einen moralischen Imperativ geben (was getan werden sollte und was nicht), beziehen sich deskriptive Normen darauf, wie sich die meisten Menschen in einer bestimmten Situation verhalten (Enste/Potthoff, 2021, 49; Samson, 2016, 121). Äußerungen wie „die Mehrheit der Gäste in diesem Hotel nutzen ihr Handtuch mehrmals" können aufgrund des Mitläufereffekts einen großen Einfluss darauf haben, wie sich die Hotelgäste verhalten. Wenn Verbraucher erfahren, dass sieben von zehn Menschen eine Automarke einer anderen vorziehen und dass Zahnweiß-Zahnpasta beliebter geworden ist als ihr weniger funktionelles Gegenstück, erhalten sie Informationen über deskriptive soziale Normen (Goldstein/

Cialdini/Griskevicius, 2008, 472). Die Wahrscheinlichkeit, dass ein Verbraucher sein Verhalten an diese soziale Norm anpasst, ist mitunter abhängig von dem Grad der wahrgenommenen Ähnlichkeit zwischen dem Verbraucher und der Bezugsgruppe (Burnkrant/Cousineau, 1975). So folgen Menschen eher dem Verhalten anderer, die ähnliche Merkmale aufweisen, einschließlich Alter (Murray/Luepker/Johnson/Mittelmark, 1984), Persönlichkeitsmerkmale (Carli/Ganley/Pierce-Otay, 1991), Geschlecht (White/Hogg/Terry, 2002) und Einstellungen (Suedfeld/Bochner/Matas, 1971).

2.3.3 Feedback: wie kleine Warnungen uns alltäglich helfen

Ein effektiver Weg, um Menschen zu helfen, ihre Leistung zu verbessern, ist ihnen **Feedback** zu geben. Gut konzipierte Systeme sagen den Menschen, wenn sie gut arbeiten und wenn sie Fehler machen. Eine wichtige Art der Rückmeldung ist beispielsweise die Warnung (Thaler/Sunstein, 2008, 90). Warnhinweise sind meist, aber nicht ausschließlich, grafisch und können entweder positiv sein (z. B. ein grünes Blatt als Belohnungssymbol für umweltfreundliches Verhalten) oder negativ, wie die Bilder auf Zigarettenpackungen. Aus funktionaler Sicht sind Warnhinweise diskriminierende Reize, die die Verfügbarkeit bestimmter Arten von Konsequenzen signalisieren. Sie nutzen unsere begrenzte kognitive Aufmerksamkeit aus und bringen uns durch eine wiederholte Exposition gegenüber diesen Warnungen dazu, unter ähnlichen Bedingungen Regeln aufstellen (z. B. mit dem Rauchen aufhören, niemals Hochspannungsleitungen berühren). Ein Beispiel für die Förderung eines bewussteren Ernährungsverhaltens sind die Ampel-Etiketten, die den ökologischen Fußabdruck eines Lebensmittels (z. B. in Form von CO2-Emissionen) oder seinen Kaloriengehalt anzeigen (Tagliabue, 2021, 407). Bei Warnsystemen ist es jedoch wichtig zu beachten, dass sie nicht zu viele Warnungen geben, sodass sie letztlich ignoriert werden. Wenn unser Computer uns beispielsweise ständig fragt, ob wir den Anhang wirklich öffnen wollen, klicken wir irgendwann unwillkürlich auf „Ja", woraufhin diese Warnung dann ihren Zweck nicht mehr erfüllt (Thaler/Sunstein, 2008, 90 f.). Diese Form des Nudging kann auch auf normativer Ebene erfolgen. So wird normatives Feedback, wie der Vergleich des eigenen Energieverbrauchs im Vergleich zum regionalen Durchschnitt oder zur Nachbarschaft, häufig in Energieeinspar-Programmen angewendet (Allcott, 2011).

2.3.4 Umsetzungsintentionen: wie wir zur Realisierung von Vorsätzen bewegt werden können

Milkman, Beshears, Choi, Laibson und Madrian (2011, 10415) bezeichnen die Aufforderung zur Bildung einer **Umsetzungsintention** als Nudge in Richtung eines gewünschten Verhaltens, der mit minimalem Aufwand angewendet werden kann und die individuelle Autonomie nicht einschränkt. Umsetzungsintentionen umfassen also Aufforderungen zur Verringerung der Kluft zwischen Absicht (rationalem Verhalten) und heuristisch bedingtem Verhalten („Intention-Behavior-Gap"; Gollwitzer/Sheeran, 2009). Während Zielintentionen lediglich gewünschte Endzustände spezifizieren („Ich möchte Ziel X erreichen!"), spezifizieren Umsetzungsintentionen in der Form „Wenn Situation Y eintritt, werde ich Verhalten Z initiieren!" zusätzlich, wann, wo und wie eine Person beabsichtigt, ein Ziel zu verfolgen (Gollwitzer/Wieber/Myers/McCrea, 2010, 137). Diese Art von Nudge wurde vor allem im Zusammenhang mit Gesundheit und Wahlverhalten eingesetzt, z. B. in Form von Fragen wie „Planen Sie, sich impfen zu lassen?" oder „Haben Sie vor, wählen zu gehen?" (Tagliabue, 2021, 408). Milkman et al. (2011) testeten beispielsweise die Wirksamkeit von Umsetzungsintentionen auf die Inanspruchnahme von saisonalen Grippeimpfstoffen unter den Mitarbeitern eines US-amerikanischen Versorgungsunternehmens. In diesem Fall war das Zielverhalten die Inanspruchnahme der Grippeimpfung, während das Ziel der Intervention darin bestand, die Impfrate zu erhöhen. Der Anstieg der Impfquote lag zwischen 1,5 Prozent und 4,2 Prozent, je nach Versuchsgruppe im Vergleich zur Kontrollgruppe.

2.3.5 Reihenfolgen: warum es wichtig ist, was in der Kantine vorne steht

Wie das Cafeteria-Beispiel eingangs verdeutlicht hat, hat die **Reihenfolge**, in der einem Alternativen präsentiert werden, ebenfalls einen starken Einfluss auf unsere Präferenzen und die Wahl, die wir unter verschiedenen Optionen treffen. Beispielsweise gewinnt ein politischer Kandidat, dessen Name bei einer Wahl zuerst genannt wird, 3,5 Prozentpunkte, was diesen Effekt besonders deutlich macht (Koppell/Steen, 2004). In manchen Fällen kann jedoch auch die mittlere Option von Vorteil sein – die sogenannte „Extremitätsaversion" veranlasst viele Verbraucher dazu, beispielsweise die größten oder kleinsten Getränkegrößen zu meiden (Dhar/Simonson 2003). Es gibt einige widersprüchliche Ergebnisse, aber im Allgemeinen ist die privilegierte Position in einem visuellen Set, wie bei einem

Buffet oder einer Speisekarte, das erste Element in einem Paar oder das mittlere Element in einem Set aus drei Elementen. Wenn Optionen z. B. nach Preis oder Größe geordnet sind, neigen Menschen mit schwacher Präferenz dazu, einen Kompromiss zu schließen, indem sie die mittlere Option wählen, weil sie leichter zu rationalisieren ist. Diese Verzerrungen können gesundheitlichen Zielen dienen, wenn bei vergleichenden Entscheidungen gesunde Optionen an den vorteilhaften Stellen angeboten werden (Chance/Dhar, 2016, 92; Sharpe/Staelin/Huber, 2008).

2.3.6 Vereinfachung: wie komplexe Entscheidungssituationen uns lähmen können

Ein fünfter beliebter Nudge ist die **Vereinfachung von komplexen Entscheidungssituationen**. Je nach Umfang und Komplexität der zur Verfügung stehenden Optionen wenden Menschen unterschiedliche Strategien an, um Entscheidungen zu treffen. Wenn wir vor einer kleinen Anzahl von Alternativen stehen, neigen wir dazu, alle Attribute aller Alternativen zu prüfen und dann, wenn nötig, Kompromisse zu schließen. Wenn die Auswahl jedoch groß ist, müssen wir alternative Strategien anwenden (Thaler/Sunstein, 2008, 94 ff.). Wie das bereits erläuterte Paradoxon der Wahlmöglichkeiten besagt, besteht bei einer zu großen Anzahl von Wahlmöglichkeiten das Problem, dass die Verbraucher überfordert sind und letztlich keine Entscheidung treffen (Iyengar/Lepper, 2000, 995). Komplexität ist demnach auch der Grund, warum wichtige Programme in den Bereichen Bildung, Gesundheit und Finanzen scheitern oder weniger erfolgreich sind, als sie sein könnten. Thaler und Sunstein (2008) schlagen die Strukturierung von Entscheidungsalternativen vor, um komplexe Entscheidungssituationen zu vereinfachen. Viele Unternehmen wie Netflix sind zum Teil wegen ihrer hilfreichen Auswahlarchitektur erfolgreich. Kunden, die auf der Suche nach einem Film sind, können ganz einfach nach Schauspielern, Regisseuren, Genres und vielem mehr suchen. Auch Bewertungssysteme können sehr hilfreich bei schwierigen Entscheidungen sein, da sie Empfehlungen ermöglichen, die auf den Vorlieben anderer Personen mit ähnlichem Geschmack basieren, eine Methode, die als „kollaboratives Filtern" bezeichnet wird. Sie nutzen die Urteile anderer Personen, die beispielsweise den Filmgeschmack teilen, um die riesige Anzahl verfügbarer Filme zu filtern und so die Wahrscheinlichkeit zu erhöhen, dass ein passender Film ausgewählt. Wenn man weiß, was Menschen gefällt, die einem ähnlich sind, kann man auch einfacher Produkte wählen, die man noch nicht kennt. Das kollaborative Filtern macht also schwierige Entscheidungen insgesamt einfacher (Thaler/Sunstein, 2008, 95 f.).

2.3.7 Zugänglichkeit: der Einfluss möglichst geringer Hürden

Die **Zugänglichkeit** oder Bequemlichkeit übt ebenfalls einen sanften, aber starken Einfluss auf unsere Wahl aus. Menschen trinken mehr Wasser, wenn es auf ihrem Tisch leicht zugänglich ist, als wenn es zwanzig Meter entfernt steht und Cafeteria-Besucher konsumieren weniger Junkfood, wenn sie dafür in einer separaten Schlange warten mussten. Die wahrgenommene Zugänglichkeit wirkt sich somit auch auf unser Verhalten aus. So wurde beispielsweise bei Google der Wasserkonsum um 47 Prozent erhöht, indem Wasserflaschen in Kühlschränken auf Augenhöhe gelagert wurden, während zuckerhaltige Getränke in niedrigere Regale hinter Milchglas verschoben wurden. Dadurch sank der Kalorienkonsum von zuckerhaltigen Getränken um 6 Prozent (Chance/Dhar, 2016, 92; Kang, 2013).

2.3.8 Taxonomie von Nudge-Kategorien und -Techniken

Wie die vorigen Abschnitte zeigen, sind zahlreiche Anwendungen und Formen von Nudging entstanden. Die hier vorgestellten Beispiele veranschaulichen jedoch nur einen kleinen Teil der Nudges, die Praktiker entwickelt haben. Dies stellt Praktiker und Forscher gleichermaßen vor die Herausforderung, wirksame generische Arten von Nudging zu vergleichen und zu identifizieren (Stieler/Henike, 2021, 3). Um dieser Herausforderung zu begegnen, haben verschiedene Autoren Klassifizierungen von Nudging-Typen vorgeschlagen (z. B. Hummel/Maedche, 2019; Münscher/Vetter/Scheuerle, 2016; Sunstein, 2014), die in ihrer Bedeutung ähnlich sind und in Tabelle 2.2 dargestellt werden. Sie zeigt drei Interventions-Kategorien, welchen sich verschiedene Nudge-Techniken zuteilen lassen: Entscheidungsinformation, Entscheidungsstruktur und Entscheidungshilfe. Jede dieser Kategorien zielt auf einen bestimmten Aspekt der Wahlumgebung sowie bestimme psychologische Hürden ab, wobei Interventionen zur Entscheidungsinformation auf die Art und Weise abzielen, wie Wahlalternativen beschrieben werden (z. B. Framing) und vor allem den eingeschränkten Zugang der Entscheidungsträger zu entscheidungsrelevanten Informationen berücksichtigen. Interventionen zur Entscheidungsstruktur zielen hingegen auf die Art und Weise, wie diese Wahlalternativen organisiert und strukturiert sind (z. B. Standardeinstellungen) ab und adressieren vor allem die eingeschränkte Fähigkeit der Entscheidungsträger, Wahloptionen zu bewerten und zu vergleichen. Interventionen zur Entscheidungsunterstützung zielen wiederrum auf die Art und Weise, wie Entscheidungen verstärkt werden können (z. B. Erinnerungen) ab und legen ihr Augenmerk auf die eingeschränkte Aufmerksamkeit und Selbstkontrolle der Entscheidungsträger (Mertens et al., 2021, 3).

Tabelle 2.2 Kategorien der Entscheidungsarchitektur und Nudge-Techniken

Intervention category	Psychological barrier	Nudging types
Decision information: increase the availability, comprehensibility, and/or personal relevance of information	Limited access to decision-relevant information	• *Declaring*: Eliciting implementation intentions (e.g., "We want you to vote because …") • *Disclosing*: Increase the number of available information (e.g., CO2-footprint marks on products) • *Exemplifying*: Presentation of social reference points (e.g., concrete examples, images)
Decision structure: alter the utility of choice options through their arrangement in the decision environment or the format of decision making	Limited capacity to evaluate and compare choice options	• *Defaulting*: Pre-selection of options (e.g., automatic enrolment) • *Marginalizing*: Reduction of effort to make choices (e.g., making healthy food easier visible) • *Simplifying*: Reformatting of information presentation (e.g., numerical data instead of verbal text) • *Framing*: Presentation of information (e.g., visual warnings on cigarette packs)
Decision assistance: facilitate self-regulation	Limited attention and self-control	• *Reminding*: Provision of positive reminders heightening the salience of a desired option (e.g., email notification) • *Recalling*: Recalling the consequences of choices from the past (e.g., past expenditures on health care) • *Committing*: Increasing private or public commitment towards certain behaviours (e.g., self-imposing deadlines)

Quelle: Eigene Darstellung in Anlehnung an Mertens et al., 2021, 3 und Stieler/Henike, 2021, 3

Die vorgestellten Nudges wurden in zahlreichen Anwendungen sowohl im öffentlichen als auch im privaten Sektor eingesetzt. Die Theorie wird von vielen Wissenschaftlern unterstützt, die sie als ein wichtiges Instrument anerkennen, das den Menschen helfen kann, bessere Entscheidungen für sich selbst und für die Gesellschaft zu treffen (Schmidt/Engelen, 2020, 3). Nachdem in dem vorliegenden Kapitel die wesentlichsten Erkenntnisse der Verhaltensökonomie vorgestellt worden sind, und somit die erste Teilfrage der Haupt-Forschungsfrage beantwortet wurde, sollen die folgenden zwei Kapitel auf den zweiten und dritten Teil der Forschungsfrage eingehen und somit untersuchen, wie Unternehmen von diesen Erkenntnissen in der Praxis profitieren können und welche Risiken der Einsatz von Nudges möglicherweise birgt.

3 Nudging von Mitarbeitern

Obwohl Nudges zunächst als Instrument der öffentlichen Politik konzipiert wurden, sind sie nicht auf die Regierung beschränkt. Da es sich bei Nudges definitionsgemäß um einfache Interventionen handelt, die das Verhalten vieler Menschen zu geringen Kosten ändern können, sind auch Unternehmen darauf aufmerksam geworden (Haugh, 2017, 684). Beggs (2016, 126 f.) argumentiert, dass die Gewinnmaximierung eine der wichtigsten ökonomischen Prämissen privater Unternehmen sei und deshalb davon ausgegangen werden könne, dass Unternehmen ausschließlich für sich selbst vorteilhafte Nudges anwenden. Nudges, die für Unternehmen vorteilhaft sind, müssen jedoch entgegen der intuitiven Vermutung für die Verbraucher nicht unbedingt schlecht sein (Beggs, 2016, 126 f.). Einige der bekanntesten Unternehmen der Welt haben bereits eigene Verhaltensforscher eingestellt, um Nudges zu entwickeln (Makki, 2017), welche nicht nur dem Unternehmen zugutekommen. Google hat beispielsweise versucht, mit Hilfe der Entscheidungsarchitektur eine gesunde Ernährung bei seinen Mitarbeitern zu fördern (Chance/Dhar, 2016). Andere Unternehmen setzen ähnliche Nudges ein, um z. B. das Wohlbefinden der Mitarbeiter, die Finanzkompetenz oder die Produktivität zu verbessern. Dieses Kapitel soll dazu dienen, einen Überblick über den aktuellen Stand der Umsetzung in der Unternehmenspraxis zu erlangen und so die Chancen, die das Nudging für das Mitarbeiter-Management bietet, zusammenzufassen. Für eine bessere wissenschaftliche Einordnung wird eingangs das Konzept des „Nudge Managements" nach Ebert und Freibichler (2017) vorgestellt, welches einen wissenschaftlichen Managementansatz darstellt, der durch Nudges zu einer zur Steigerung der Produktivität von Wissensarbeitern beitragen kann. Anschließend wird auf die bereits erwähnten möglichen Potenziale des „Mitarbeiter-Nudging" eingegangen und Praxisbeispiele zur Veranschaulichung vorgestellt.

C. Hoque, *Corporate Nudging*, BestMasters,
https://doi.org/10.1007/978-3-658-43728-2_3

3.1 „Nudge Management" zur Produktivitätssteigerung von Wissensarbeitern

Während bereits eine umfangreiche Literatur über die Anwendung verhaltenswissenschaftlicher Erkenntnisse in der öffentlichen Politikgestaltung besteht, werden zunehmend auch im privaten Sektor verhaltenswissenschaftliche Erkenntnisse eingesetzt. Das Konzept des „Nudge Management" hat das Interesse vieler internationaler privater Organisationen geweckt. Der Begriff „Nudge Management" bezieht sich auf einen wissenschaftlichen Managementansatz, der die Erkenntnisse der Verhaltensökonomie und insbesondere die Nudge-Theorie bei der Entwicklung von Maßnahmen nutzt, die zur Steigerung der Produktivität von Wissensarbeitern beitragen können (Ebert/Freibichler, 2017, 1). Der Begriff „Wissensarbeiter" bezieht sich auf Mitarbeiter, deren Effektivität und Produktivität stark von ihrer Fähigkeit zur komplexen Entscheidungsfindung und Beurteilung abhängt (Drucker, 1999. 84 f.). Laut einem der führenden Managementwissenschaftler der letzten 50 Jahre, Peter Drucker (1999, 92), ist die Produktivität von Wissensarbeitern die größte Managementherausforderung des 21. Jahrhunderts. Dabei geht es den Managern nicht nur um die Steigerung der Kosten- und Kapitaleffizienz, sondern zunehmend auch um die Stärkung des Potenzials für weitere Innovationen und die Digitalisierung. Die Produktivität des Wissensarbeiters hängt dabei in erster Linie von seinen Interaktionen mit anderen Mitarbeitern, Aktionären und Kunden ab.

Die Steigerung der Produktivität von Wissensarbeitern ist von vielen Managementwissenschaftlern untersucht worden. Viele wissenschaftliche Berichte weisen darauf hin, dass sich Manager zur Stärkung des Innovationspotenzials und zur Erreichung der Unternehmensziele auf einen Managementansatz konzentrieren müssen, der sich auf die Optimierung des schnellen Denkens und des unbewussten Verhaltens der Mitarbeiter konzentriert (Brynjolfsson/McAfee, 2012; Ebert/Freibichler, 2017,1). Der Hauptgedanke, der dem Konzept des Nudge-Managements zugrunde liegt, ist der der Dualen Prozesstheorie. Wie in 2.2.2 erläutert, besitzt der Mensch im Großen und Ganzen zwei Denksysteme – das automatisierte, intuitive und affektive System 1 sowie das reflektive und rationale System 2 (Kahneman, 2011). Wie Ebert et al. (2017, 2) berichten, konzentrieren sich die meisten traditionellen Managementansätze hauptsächlich auf das Management der logisch-reflektierenden Seite des Denkens. Viele Fehler des Menschen können jedoch auf das Versagen des automatisierten Systems zurückgeführt werden. Der Nudge-Management-Ansatz zielt jedoch nicht darauf ab, die traditionellen Managementstile zu ersetzen. Vielmehr bezweckt er, die Stärken und Fähigkeiten des automatisierten Systems zu nutzen, da sie für Manager eine weitere Ressource darstellen, auf welche sie zur Verbesserung der Leistung und Effizienz von Wissensarbeitern zurückgreifen können. Wie die Autoren behaupten, könnte das Wissen darüber, wie der menschliche Verstand funktioniert und wann er in seinem selbstgesteuerten System leicht scheitert, für Unternehmen von Vorteil sein, da so über den Einsatz von Nudges die Entscheidungsfindung des Einzelnen in Bezug auf die Unternehmensziele verbessert werden können. Ebert und Freibichler (2017) sowie andere Verhaltenswissenschaftler schlagen die im Folgenden vorgestellten effizienzsteigernden und weitere Maßnahmen vor, welche sich an die Mitarbeiter eines Unternehmens richten.

3.2 Möglichkeiten für den Einsatz von Nudges bei Mitarbeitern

Inzwischen hat sich eine Vielzahl von Anwendungsbereichen für Nudges innerhalb eines Unternehmens für erfolgreich erwiesen. So werden Nudges bereits zur Effizienzsteigerung diverser Prozesse eingesetzt, ebenso wie im Bereich des umweltfreundlichen Verhaltens, der Mitarbeitergesundheit, -zufriedenheit, -compliance und -innovationskraft, wie die folgenden Beispiele zeigen sollen.

3.2.1 Verbesserung der Effizienz von Besprechungen

Studien haben gezeigt, dass Wissensarbeiter bis zu 50 Prozent ihrer Arbeitszeit in Meetings verbringen. Das Verhältnis von Leistung und Zeitaufwand wird jedoch häufig als schlecht empfunden. Ein Grund dafür könnte das bereits beschriebene Phänomen der Informationsverzerrung sein (siehe 2.2.4), welches sich vor allem in größeren Organisationen und durch die Verfügbarkeit von „Big Data" weiter ausbreiten könnte (Ebert/Freibichler, 2017; Håkonsson/Carroll, 2016). Zu den wirksamen Maßnahmen, die den Zeitaufwand für Besprechungen verringern und somit die Effizienz von Besprechungen verbessern könnten, gehören einige Standardregeln. So werden die meisten Besprechungen mit einer Unternehmenssoftware organisiert, bei der die Standarddauer für eine Besprechung oft auf 60 Minuten eingestellt ist. Eine Änderung der Standarddauer von 60 auf 30 Minuten würde die neue soziale Norm schaffen, dass 30 Minuten die Standard-Zeit für Besprechungen sind, was eine sehr wirksame und einfache Strategie zur Steigerung der Effizienz sein kann. Durch diese Anpassung wird eine 45-minütige Besprechung von den Mitarbeitern schon bald nicht wie zuvor als kurze, sondern als lange Besprechung empfunden werden. Eine Änderung der Standardeinstellung in größeren Unternehmen könnte somit leicht dazu führen, dass jeder Mitarbeiter fünf Prozent weniger Zeit in Besprechungen verbringt, was sich in größeren Unternehmen im Laufe eines Jahres auf Tausende von Arbeitsstunden summiert (Ebert/Freibichler, 2017, 3).

Die tatsächlichen und langfristigen Auswirkungen von kürzeren Standard-Besprechungen konnte jedoch von Ebert und Freibichler (2017) nicht empirisch untermauert werden. Mit Sicherheit lassen sich durch die Umstellung von 60 auf 30 Minuten Standard-Besprechungszeit zahlreiche „ineffizient genutzte" Arbeitsstunden einsparen. Jedoch könnte genau diese Zeit, die in den Meetings für „Small Talk" und ausführlichere Gespräche über die zu besprechenden Themen zuvor genutzt wurde, wichtig für das soziale Miteinander im Unternehmen und somit für die Mitarbeiterzufriedenheit sein. Laut Enste, Kürten und Schwarz (2020, 16) stellen unternehmensinterne soziale Beziehungen eine von drei Komponenten des Sozialkapitals eines Unternehmens dar, welches wiederrum die Grundlage für motivierte und leistungsstarke Mitarbeiter ist. Aus diesem Grund könnte die Gefahr bestehen, dass die gewonnene Zeit durch diese effizienzsteigernde Maßnahme durch ein geringeres Mitarbeiter-Engagement kompensiert wird. Somit ist es wichtig, alle möglichen Effekte einer solchen Maßnahme in Betracht zu ziehen und abzuwägen. Hierfür könnten sich Mitarbeiterbefragungen als geeignetes Tool anbieten, um herauszufinden, wie diese die Effizienz von Besprechungen einschätzen und welche Maßnahmen auf eine hohe Akzeptanz stoßen würden.

3.2.2 Verbesserung der Effizienz bei der Planung

Wie bereits in 2.2.4 erwähnt, ist der Optimismus Bias mit dem Planungsfehler verbunden, der die Tendenz beschreibt, bei der Verwaltung von Projektzeitplänen zu versagen und auch Projektrisiken zu übersehen. Das Nudge-Management kann ein nützliches Instrument sein, um Planungsfehler vorzubeugen. So könnte ein Nudge-Manager beispielsweise Umsetzungsintentionen (siehe 2.3.4) einführen, um die „Intention-Behavior-Gap" effektiv zu verringern (Ebert/Freibichler, 2017, 3; Gollwitzer et al., 2010, 155). Studien haben gezeigt, dass der Einsatz von Umsetzungsintentionen die Wahrscheinlichkeit erhöhen kann, dass Ziele erreicht werden und dass das Verhalten in Bezug auf zukünftige Planungen verändert werden kann (Gollwitzer, 1999; Gollwitzer/Sheeran, 2006). Die Idee hinter den Umsetzungsintentionen ist, dass Mitarbeiter ihre wichtigsten Ziele planen und ihre Zeitpläne vor ihren Kollegen offen kommunizieren und sich somit zu diesen

Plänen verpflichten. Zusätzlich sollten diese Verpflichtungen vierteljährlich eingegangen werden, sodass Metriken und Zielvorgaben zur Messung der Fortschritte durch die Mitarbeiter erarbeitet und geteilt werden. Die vierteljährliche Frequenz ist deutlich höher als die eines typischen Zielsystems mit Jahresrhythmus, was der mangelhaften Durchführung langfristiger Pläne entgegenwirken kann. Die öffentliche Bekanntgabe von Plänen trägt insgesamt dazu bei, die Selbstüberschätzung zu verringern, indem eine Angst vor dem Scheitern vor den Kollegen entsteht (Ebert/Freibichler, 2017, 3).

Wie erfolgreich der Einsatz solcher Umsetzungsintentionen sind, zeigt der zunehmende Einsatz des Konzepts „Objectives and Key Results" (OKR), welches ein Rahmenwerk zur Zielvereinbarung in agilen Unternehmen bietet (Stock-Homburg/Groß, 2019, 924) und auf der gleichen Idee basiert wie Umsetzungsintentionen. Insgesamt sind Parallelen zwischen Nudge-Maßnahmen und Methoden aus dem agilen Personalmanagement festzustellen, weshalb letztere Inspirationen für Nudges bieten könnten, um die Planungseffizienz von Mitarbeitern zu verbessern. So sind regelmäßige Feedbackzyklen und Retroperspektiven beispielsweise ebenfalls häufiger Bestandteil agiler Managementansätze (z. B. bei Scrum), was ebenfalls eine bessere Planbarkeit fördern könnte (für Nudge-Technik „Feedback" siehe 2.3.3). Die Transparenz bezüglich individueller Leistungsfortschritte auf Kanban Boards wirkt sich sicherlich ebenfalls durch den sozialen Druck positiv auf eine realistischere Zielsetzung aus (für Nudge-Technik „soziale Normen" siehe 2.3.2).

3.2.3 Verbesserung der Aufgabeneffizienz

Ungeplante Unterbrechungen gehören zu den effektivsten Produktivitätskillern für Wissensarbeiter. Die Arbeit in einer Büroumgebung mit ständigen Ablenkungen erschwert es vielen Wissensarbeitern, eine hohe Produktivität zu erreichen und macht es praktisch unmöglich, so genannte Tiefenarbeit zu leisten (Jena/Basu, 2018). Um „ablenkungsfreie" Zeiträume und somit die Arbeit an Aufgaben zu ermöglichen, welche für längere Zeit konzentriertes Arbeiten erfordern, könnte ein Nudge-Manager bspw. besprechungsfreie Tage oder Tage, an denen von zu Hause aus gearbeitet wird, einführen. Eine Kombination aus besprechungsfreien Tagen und Homeoffice-Tagen würden zusätzlich das Selbstmanagement der Wissensarbeiter fördern (Ebert/Freibichler, 2017, 3; Freibichler/Ebert/Schubert, 2017). Lawline, ein führender Anbieter von juristischer Online-Weiterbildung, hat beispielsweise den „Meeting-freien Mittwoch" eingeführt und bietet seinen Mitarbeitern die Möglichkeit, an einigen Tagen im Monat von zu Hause aus zu arbeiten

(Schnurman, 2015). Diese Art neue Standardregel wurde bereits von zahlreichen Organisationen erfolgreich implementiert (siehe z. B. Schnurman, 2015).

Ein weiterer Nudge, der dazu beitragen kann, ein weniger ablenkendes Umfeld für Wissensarbeiter zu schaffen, besteht darin, die Standardeinstellung in der E-Mail-Software zu ändern und die Soundeffekte für eingehende E-Mails abzuschalten oder die Synchronisierungsfrequenz des E-Mail-Posteingangs auf einmal pro Stunde einzustellen. Über diese kleinen Nudges können Nudge-Manager so zur Produktivitätssteigerung beitragen und gleichzeitig Möglichkeiten zur Verbesserung des Selbstmanagements der Mitarbeiter bieten (Ebert/Freibichler, 2017, 3).

3.2.4 Steigerung der Produktivität

Eine der ersten experimentellen Untersuchungen von Framing-Effekten (siehe 2.2.4) bei der Arbeitsproduktivität in der Privatwirtschaft wurde von Hossain und List (2012) durchgeführt, welche in einer chinesischen Hightech-Produktionsstätte den Effekt testeten, den Framing auf die Produktivität der Arbeiter in der Fabrik hatte. Dabei wurden bedingte Anreize (z. B. Boni), sowohl als „Verluste" als auch als „Gewinne" formuliert und die Produktivität sowohl von Einzelpersonen als auch von Teams gemessen. Das Experiment zeigte zum einen, dass der Framing-Effekt bei Gruppen viel stärker ist als bei Einzelpersonen. Zum anderen verdeutlichte der Versuch, dass Teams stärker auf Boni reagieren, die als Verluste dargestellt werden, als auf vergleichbare Boni, die als Gewinne dargestellt wurden (siehe Verlustaversion, 2.2.4). Insgesamt konnte die Gesamtproduktivität des Teams durch die Framing-Manipulation über den gesamten Zeitraum der Stichprobe um einen Prozentpunkt gesteigert werden. Die wirtschaftliche Bedeutung dieses Unterschieds wird deutlicher, wenn man sich bewusst macht, dass dieser Produktivitätszuwachs nicht mit zusätzlichen Kosten verbunden ist, sondern allein durch die Vertragssprache bedingt ist. Einfache Änderungen der Vertragssprache können also einen erheblichen Einfluss auf die Ergebnisse von Anreizsystemen haben (Hossain/List, 2012). Klassische monetäre Anreize können somit durch Nudges wie Framing ergänzt werden und als hybride Anreiz-Form einen insgesamt größeren Effekt erzielen, von dem sowohl der Mitarbeiter als auch das Unternehmen profitiert. Wie das Experiment zeigte, lohnt es sich für Unternehmen, diesen Ansatz insbesondere in Teams einzusetzen.

3.2.5 Förderung der Innovationsfähigkeit

Die Einbeziehung der Mitarbeiter in die Unternehmensinnovation ist für den künftigen Erfolg von Unternehmen von entscheidender Bedeutung. Vor allem etablierte Unternehmen stehen vor großen Hindernissen, da langfristige Beschäftigungsverhältnisse, stark spezifizierte Organisationseinheiten und hierarchische Managementstrukturen eher auf die Erhaltung des Status quo als auf die Förderung von Veränderungen ausgelegt sind. Daher fällt es solchen Unternehmen oft schwer, ihre Mitarbeiter kontinuierlich einzubinden und Innovationsbarrieren zu überwinden (Stieler/Henike, 2021, 1). Der Austausch von Wissen ist dabei für die meisten Unternehmen der Schlüssel zum Erfolg bei Innovationen. Innovationen entstehen demnach nicht, wenn die Mitarbeiter immer allein in einem Büro sitzen oder ausschließlich von Kollegen umgeben sind, die ähnliche Annahmen und Hintergrundwissen besitzen. Innovation erfordert oft eine neue Mischung von Ideen, eine Interaktion zwischen verschiedenen Forschungsbereichen und eine offene Einstellung der Wissensarbeiter. So hat Google beispielsweise „Mikroküchen“ eingeführt, um den Wissenstransfer zwischen den Wissensarbeitern auf einfache Weise zu verbessern. Mitarbeiter aus verschiedenen Abteilungen treffen sich in den Betriebsrestaurants und Kaffeeecken, welche architektonisch so gestaltet sind, dass sie eine gute Atmosphäre für Diskussionen und den Austausch von Ideen bieten (Ebert/Freibichler, 2017, 3 f.). Auf diese Weise kann über die räumliche Umgestaltung die Entscheidungsstruktur der Mitarbeiter beeinflusst und soziale und fachübergreifende Interaktionen gefördert werden.

3.2.6 Förderung von umweltfreundlichem Verhalten

Standardeinstellungen können auch positive Auswirkungen auf den Umweltschutz haben. Ein Beispiel dafür ist die Rutgers-Universität in New Jersey. Im Jahr 2008 änderte die Universität ihre Standarddruckereinstellung von „auf einer einzigen Seite drucken“ auf „auf Vorder- und Rückseite drucken“. Diese einfache neue Standardeinstellung führte zu einem Rückgang des Papierverbrauchs um mehr als fünfundfünfzig Millionen Blatt in nur vier Jahren, was einer Verringerung um 44 Prozent entspricht und eine Einsparung von 4.650 Bäumen bedeutet. Somit können einfache Änderung der Standardeinstellung in privaten und öffentlichen Einrichtungen große Auswirkungen auf den Papierverbrauch haben. Die meisten Menschen würden aufgrund ihrer Trägheit deutlich mehr Papier verbrauchen, als sie benötigen, wenn der Drucker die Einzelseiten-Standarddruckeinstellung hätte. Studien haben zudem gezeigt, dass Bemühungen, Menschen durch moralisches

Zureden und Aufklärung über die Umweltauswirkungen im Wesentlichen keine Auswirkungen auf den Papierverbrauch haben und selbst eine zehn-prozentige Steuer auf Papierprodukte lediglich eine Reduktion von zwei Prozent bewirkte (Sunstein/Reisch, 2008, 133 f.).

Ein weiteres Beispiel für einen Nudge zur Förderung von umweltfreundlichen Verhalten ist die britische Fluggesellschaft Virgin Atlantic, die im Jahr 2016 im Rahmen einer Studie mit Hilfe von Nudges versuchte, die Piloten dazu zu bringen, den Treibstoffverbrauch zu senken. Die Fluggesellschaft testete neben weiteren Anreizen, ob Informationen über die aktuelle Treibstoffeffizienz sowie persönliche Ziele zum Treibstoffverbrauch das Verhalten der Piloten beeinflussen könnten. Die insgesamt 335 Piloten wurden nach dem Zufallsprinzip einer von vier Gruppen zugeteilt, darunter eine Kontrollgruppe, die einen Brief erhielt, in dem sie darüber informiert wurde, dass sie im Rahmen einer Nachhaltigkeitsinitiative an einer Studie zur Treibstoffeffizienz teilnehme. Die anderen Gruppen erhielten eine oder mehrere Maßnahmen, wie z. B. ein Ziel für den Treibstoffverbrauch, welches sie erreichen sollten. Die Ergebnisse zeigten, dass die Piloten aus der Kontrollgruppe ihr Verhalten erheblich änderten, nachdem sie darüber informiert wurden, dass sie überwacht werden. Die weiteren Anreize und insbesondere die Einbeziehung von personalisierten Zielvorgaben führten ebenfalls zu einer Verbesserung der Treibstoffeffizienz. Über den Versuchszeitraum, der sich über acht Monate und 40.000 Flüge erstreckte, konnten durch die verschiedenen Anreize insgesamt Treibstoffkosten in Höhe von 5,37 Millionen Dollar eingespart und der Kohlendioxidausstoß um mehr als 21.500 Tonnen verringert werden. Die gewonnenen Erkenntnisse zeigen, dass Nudges das Potenzial haben, herkömmliche Ansätze zur Motivation von Mitarbeitern am Arbeitsplatz zu verändern und sowohl die Betriebskosten als auch die Umweltbelastung effizient zu reduzieren (Gosnell/List/Metcalfe, 2016). Dieses Beispiel macht die Wirkung von sozialem Druck erneut deutlich, da die Kontrollgruppe durch die Aufzeichnung der Treibstoffeffizienz mit hoher Wahrscheinlichkeit den Anreiz hatte, im Vergleich zu den Kollegen aus ihrer Kontrollgruppe mindestens gut abzuschneiden.

Eine weitere Studie von Brown, Johnstone, Haščič, Vong und Barascud im Jahr 2012 kam zu dem Ergebnis, dass eine geringfügige Senkung der Standardtemperatur um 1 °C in einem OECD-Bürogebäude zu einer Senkung der durchschnittlichen Bürotemperatur um 0,38 °C führte. Eine große Senkung (3 °C) hatte jedoch keine Auswirkungen, da die Mitarbeiter aktiv reagierten und die Temperatureinstellungen erhöhten, was schließlich die Wirkung des Nudges aufhob. So würde eine Senkung der Standardtemperatur von 20 °C auf 19 °C den Energieverbrauch senken, während eine Senkung der Standardtemperatureinstellung auf 17 °C keine Auswirkungen hätte. Dieses Beispiel macht deutlich, dass

Standardeinstellungen nicht immer den gewünschten Effekt erzielen und mögliche Verhaltensweisen, welche den Effekt ausgleichen könnten, in der Gestaltung solcher Nudges mitbedacht werden müssen.

3.2.7 Verbesserung der Verhaltenskonsistenz

Die Boston Consulting Group (BCG) ist ein Beispiel für ein Unternehmen, das Maßnahmen im Zusammenhang mit verhaltensorientierten Erkenntnissen angewandt hat, um mehr Rücksicht auf das Leben der Mitarbeiter außerhalb der Arbeit zu nehmen und deren Work-Life-Balance zu verbessern. Wie das Unternehmen berichtet, wurde das E-Mail-System umgestaltet, um die Zahl der E-Mails zu verringern, die von Führungskräften nach den Bürozeiten verschickt werden. Insbesondere wurde ein Pop-up-Fenster eingeführt, das den Absender daran erinnert, dass die E-Mail nicht nach der Arbeitszeit verschickt werden soll. Wie das Unternehmen berichtet, haben diese digitalen Nudges eine große Wirkung und können dazu beitragen, die Ziele des Unternehmens in Bezug auf die Verbesserung der Verhaltenskonsistenz der Mitarbeiter zu erreichen (Dhar/Bailey/Mingardon/Tankersley, 2021).

Ob diese Maßnahme tatsächlich zu einer Reduktion der versesendeten E-Mails außerhalb der Arbeitszeiten geführt hat, wurde in dem Bericht jedoch nicht preisgegeben. Insgesamt hat das Beispiel jedoch gezeigt, dass Nudges und insbesondere Warnungen und Erinnerungen eingesetzt werden können, um integres Verhalten innerhalb eines Unternehmens zu fördern. So kann die Unternehmenskultur nicht nur in Verhaltenskodizes und anderen Regelwerken verankert werden, sondern durch gezielte Verhaltensanreize in der Umsetzung zusätzlich gefördert werden. Nudges bieten demnach ein wertvolles Instrument, um durch eine gelebte Wertekultur auch eine höhere Identifikation der Mitarbeiter mit den Werten und Zielen eines Unternehmens zu bewirken. Laut Enste und Wilnder (2014, 36 ff.) kann sich der Aspekt der Identifikation ebenfalls positiv auf die Mitarbeitermotivation auswirken. Die Autoren stellen in ihrer Arbeit das Wertemanagement nach Wieland (1999) vor, welcher für die erfolgreiche Implementierung von Unternehmenswerten und -zielen die Kodifizierung (z. B. Verhaltenskodizes, Leitlinien), Stakeholder-Kommunikation, Implementierung (z. B. Ethik-Audits, personalpolitische Instrumente) und Organisation (z. B. interne Revision, Compliance-Abteilungen) als bedeutende Elemente erachtet. Nudge-Maßnahmen könnten demnach vor allem in der vierten Stufe des ineinandergreifenden Prozesses, der Implementierung, als wertvolle Ergänzung dienen.

Die Erinnerung an wesentliche Werte und Ziele im Rahmen des Personaleinstellungsprozesses könnte den Verantwortlichen beispielsweise dabei helfen, eine an den Unternehmenswerten ausgerichtete Kandidatenauswahl zu treffen. So könnten die Unternehmenswerte auf dem Bewertungsbogen von Bewerbern integriert werden und somit neben weiteren wesentlichen Qualifikationen ebenfalls die Passung des Kandidaten zur Unternehmenskultur abgefragt werden.

3.2.8 Verbesserung des Wohlbefindens im Unternehmen

Das komplexe Konstrukt des organisatorischen Wohlbefindens bezieht sich nicht nur auf die Aspekte des physischen Arbeitsumfelds (z. B. Sicherheit), sondern umfasst auch die psychologischen und sozialen Komponenten der Mitglieder einer Organisation. Nudges können die Sicherheit, Zufriedenheit und das Engagement der Mitarbeiter sowie das Arbeitsklima im Allgemeinen verbessern. So sollen Menschen durch Maßnahmen, Programme, die Arbeitskultur und Arbeitsplatzgestaltung zu gesunden Entscheidungen und Verhaltensweisen bewegt werden. Nudges sind nützliche Instrumente zur Entwicklung des Wohlbefindens in einer Organisation, wenn sie traditionelle Maßnahmen des Wohlbefindens (z. B. Richtlinien und Verfahren) ergänzen (Tagliabue, 2021, 399 ff.). So könnte beispielsweise der Einsatz von sozialen Normen und einer besseren Zugänglichkeit zu einem besseren Wohlbefinden beitragen.

Wie in 2.3.2 bereits beschrieben, nutzen soziale Norm-Nudges im Gegensatz zu anderen Nudge-Techniken den Vergleich und die Beziehungen zwischen voneinander abhängigem Verhalten, um die Spannung zwischen den Interessen des Einzelnen und den kollektiven Interessen zu verringern (Bicchieri/Dimant, 2019, 10). So kann beispielsweise der Rückgriff auf soziale Normen wichtige Auswirkungen auf die psychische Gesundheit und die Stressprävention haben, wenn man seine Kollegen über die Inanspruchnahme flexibler Arbeitsprogramme informiert, regelmäßig Pausen einlegt oder sich an organisatorische Richtlinien und Fristen hält (Tagliabue, 2021, 406). Im Rahmen der Initiative „Walk4Health" der südafrikanischen Westkap-Regierung konnte das Gesundheitsverhalten der Mitarbeiter mithilfe von Schrittzählern und durch die Kombination von sozialen Normen und Gamification verbessert werden. Im Rahmen des Pilotprojekts traten Teams aus vier Mitarbeitern aller Führungsebenen der Verwaltung gegeneinander an, um die höchste Schrittzahl pro Tag zu erreichen. Eine öffentliche Rangliste wurde veröffentlicht und wöchentlich verfolgt, sodass die Teilnehmer ihre Fortschritte mit denen der anderen vergleichen und sich motivieren konnten, in der Rangliste weiter nach oben zu klettern. Konkret führte die Intervention dazu, dass 70 Prozent der Teilnehmer über den Testzeitraum von sechs Wochen im Durchschnitt 2,8 Kilogramm Gewicht verloren (OECD, 2017, 257 ff.).

Die Steigerung der Zugänglichkeit bietet ebenfalls einen effektiven Nudge, um die Attraktivität bestimmter Option zu erhöhen. Wird beispielsweise der Zugang zu einem Fitnessstudio, einem Schwimmbad oder anderen Trainingseinrichtungen auf dem Gelände eines Unternehmens oder in unmittelbarer Nähe angeboten, so sinken die „Kosten" für das Training aufgrund der Fahrtzeit, der lästigen Mitgliedschaft und der Bequemlichkeit der Mitarbeiter insgesamt (Tagliabue, 2021, 407). So konnte beispielsweise die neuseeländische Finanzbehörde die Inanspruchnahme der Grippeschutzimpfung bei ihren Mitarbeitern um 14 Prozent im Vergleich zum Vorjahr steigern, weil das Programm einfacher und bequemer wurde. Die Intervention umfasse eine personalisierte E-Mail, die an die für die Grippeimpfung in Frage kommenden Mitarbeiter der Agentur geschickt wurde, um sie zu ermutigen, sich im Rahmen des staatlichen Programms impfen zu lassen. Die in der E-Mail verwendete Sprache basierte auf Erkenntnissen aus der Verhaltenswissenschaft und sollte die Mitarbeiter zum Handeln anregen. Auch der Ort der Grippeimpfung wurde von einem externen Ort auf den Arbeitsplatz verlegt, um den Mitarbeitern den Zugang zur Impfung zu erleichtern (OECD, 2017, 339 ff.). Auch andere Gesundheitsprogramme, die in verschiedenen Organisationen angeboten werden, können ähnlich gestaltet werden, um es für die Arbeitnehmer so attraktiv wie möglich zu machen, sich anzumelden.

3.2.9 Förderung von ethischem Verhalten

Nudging hat auch seinen Weg in die Unternehmens-Compliance gefunden, wo es eine verbesserte ethische Entscheidungsfindung fördern und somit rechtliche und regulatorische Risiken reduziert soll – eines der Hauptziele eines Compliance-Programms (Miller, 2014, 1). Compliance-Programme versuchen außerdem, Fehlverhalten von Unternehmen abzuschrecken, indem sie soziale Normen schaffen, die gesetzestreues Verhalten fördern. Durch Normen werden die Lücken, die formellere gesetzliche und behördliche Durchsetzungsmechanismen hinterlassen, gefüllt, indem sie einen Reputationsdruck auf die Mitarbeiter ausüben (Baer, 2009, 960). So sieht die Mehrheit der Unternehmen die Schaffung einer ethischen Unternehmenskultur als übergreifendes Ziel ihrer Compliance-Programme an (Haugh, 2017, 702).

Zahlreiche Studien aus der Verhaltensethik deuten darauf hin, dass kognitive Heuristiken, psychologische Tendenzen, sozialer und organisatorischer Druck und selbst irrelevante situative Faktoren die Wahrscheinlichkeit erhöhen können, dass

„gute Menschen“ schlechte Dinge tun. Zusätzlich sind sich Menschen häufig aufgrund kognitiver Hindernisse über ihre unethischen Handlungen gar nicht bewusst (Prentice, 2015, 36 ff.). Die Mehrheit der Forscher glaubt, dass dies unter anderem daran liegt, dass Individuen bei dem Treffen von ethischen Entscheidungen dem System 1 die führende Rolle einräumen, wodurch Entscheidungen bevorzugt werden, die in erster Linie einem selbst nützen (Haugh, 2017, 707). Wie Kahneman und Tversky (1982) jedoch festgestellt haben, fungiert das System 2 als ethischer Monitor, der einspringt, um unser natürliches und automatisches Eigeninteresse zu kontrollieren. Je nachdem, wie hoch die kognitive Belastung also ist, kann das automatische System 1 das reflektierende System 2 verdrängen, was die Wahrscheinlichkeit für weniger ethisches Verhalten im Sinne des Eigeninteresses erhöht. Dem menschlichen ethischen Verhalten sind demnach kognitive Grenzen gesetzt (Kahneman, 2003; Prentice, 2015, 60 f.), weshalb Nudges eine sinnvolle Ergänzung zu Regelwerken und Kodizes sein können.

Unternehmen mit hochmodernen Corporate-Compliance-Programmen setzen derzeit und in zunehmendem Maße verhaltensethisches Nudging ein, um Fehlverhalten von Mitarbeitern zu verhindern. Verhaltensethische Nudges können dem Einzelnen beispielsweise. einfache Informationen liefern oder Erinnerungen vermitteln (Baldwin, 2014). So werden Mitarbeiter häufig gebeten, Formulare auszufüllen, in denen sie Dinge wie Reisekosten oder gefahrene Kilometer angeben. Eine Strategie von Unternehmen beim Ausfüllen solcher Formulare ist es, die Mitarbeiter mittels einer eingeforderten Bestätigung zur wahrheitsgemäßen Beantwortung des Formulars an ihre Moral zu erinnern. Studien zeigen, dass solche Erinnerungen vor dem Ausfüllen solcher Formulare die Unehrlichkeit deutlich verringern und wahrheitsgemäße Antworten somit wahrscheinlicher sind, wenn diese Bestätigung am Anfang des Formulars und nicht erst am Ende eingefordert wird. Befindet sich die besagte Klausel nämlich erst am Ende, hat der Mitarbeiter das Formular möglicherweise bereits unehrlich ausgefüllt, bevor er über seine ethischen Pflichten nachgedacht hat, was eine Korrektur des unethischen Verhaltens schwierig macht (Haugh, 2017, 711 ff.). Des Weiteren haben Studien gezeigt, dass eine höhere Mitarbeiterzufriedenheit zu einer gesteigerten Organisationsethik führt, weshalb die Bank of America die räumliche Aufteilung ihrer Büros geändert hat, um zwanglose Interaktionen zu fördern und die Mitarbeiter dazu zu bewegen, mehr informelle Kontakte zu knüpfen (Fort/Raymond/Shackelford, 2015).

3.2.10 Förderung der Mitarbeitergesundheit

Die meisten Menschen kennen das Phänomen der nicht erfüllten Neujahrsvorsätze. Die bereits erwähnte „Intention-Behavior-Gap" ist also keine Seltenheit, denn die meisten Vorsätze zur Verhaltensänderung scheitern (Sheeran/Webb, 2016). Diese Kluft zwischen Absicht und Verhalten ist insbesondere in Bezug auf gesundheitsbewusstes Verhalten zu beobachten (Sheeran/Webb/Milne/Gollwitzer, 2005). Aus diesem Grund hat auch Google den Nudge-Ansatz angewendet, indem es die Auswahl an Lebensmitteln in der Cafeteria so gestaltet hat, dass eine gesunde Ernährung gefördert wird und damit auch die Gesundheit und Produktivität der Belegschaft (Ebert/Freibichler, 2017, 2). So wurden die Desserts beispielsweise nicht gestrichen, sondern in die hinterste Ecke der Cafeteria verlegt und M&Ms aus den Spendern in undurchsichtige Gläser verpackt. Da die Süßigkeiten dann „versteckt" waren, mussten die Mitarbeiter auf die Suche nach ihnen gehen, was dazu führte, dass die Mitarbeiter in sieben Wochen 3,1 Millionen Kalorien weniger aus M&Ms zu sich nahmen. Die Getränkeabteilung wurde ebenfalls einer Verhaltensänderung unterzogen, indem die Wasserflaschen in den Kühlschränken auf Augenhöhe gebracht und die Limonaden in das unterste Regal gestellt worden sind, wodurch die Google-Mitarbeiter 47 Prozent mehr Wasser getrunken haben (Marsh, 2013).

3.2.11 Chancen und Risiken des Nudging von Mitarbeitern

Heutzutage ist das Interesse privater Organisationen an der Einbeziehung von Erkenntnissen der Verhaltensökonomie gestiegen. In der Literatur finden sich zahlreiche Berichte von Beratungsunternehmen, darunter Boston Consulting Group, Deloitte und McKinsey Quarterly, die Projekte zur Umgestaltung der Geschäftsstruktur großer Unternehmen auf der Grundlage der Erkenntnisse der Verhaltenstheorien übernehmen (Deloitte, 2021; Dhar et al., 2021; Güntner/Lucks/Sperling-Magro, 2021). Wie die obigen Beispiele deutlich zeigen, kann die Umsetzung der Nudge-Theorie erhebliche Auswirkungen auf die Effizienz, Produktivität, Gesundheit, Innovationskraft, Umweltfreundlichkeit und die Verhaltenskonsistenz der Mitarbeiter haben und auch zum Wohlbefinden des Einzelnen an seinem Arbeitsplatz beitragen, während gleichzeitig die Ziele des Unternehmens erfüllt werden. Jedoch ist der langfristige Effekt der meisten Maßnahmen noch nicht empirisch nachgewiesen, weshalb es noch weiterer Forschung in diesem Bereich bedarf, um zuverlässige Aussagen treffen zu können. Insgesamt konnten jedoch bei einigen der Nudge-Techniken positive Effekte innerhalb der getesteten Versuchszeiträume, wie z. B. bei Virgin Atlantic, die Rutgers-Universität und Google, festgestellt werden. Die Beispiele zeigen, dass die am häufigsten angewendeten Nudges sich der Kategorie der Entscheidungsstruktur-Interventionen zuordnen lassen (siehe Tabelle 2.2). So wurden häufig neue Standards eingeführt, wie die neue Standardeinstellung für Besprechungen, Meeting-freie-Tage und neue Druckereinstellungen oder es wurde die räumliche Struktur zur Förderung der Innovation, der Gesundheit oder des sozialen Austauschs umgestaltet. Aber auch soziale Normen scheinen im Unternehmenskontext eine vielversprechende Technik zu sein. Wie in 2.3.2 erläutert, ist die Wirkung sozialer Normen besonders effektiv, je ähnlicher man seiner Vergleichsgruppe ist. Da die Arbeitskollegen häufig Personen sind, die ähnliche Interessen teilen und auch im gleichen Alter sind, könnte der soziale Druck im Arbeitskontext besonders stark wirken.

Neben den eben genannten Chancen, die sich aus dem Nudge-Ansatz für Unternehmen ergeben, konnten jedoch auch Risiken in Bezug auf ihre Effekte festgestellt werden. So können Bumerang-Effekte beispielsweise dazu führen, dass ein Nudge bei einer Personengruppe das gewünschte Verhalten bewirkt, während es bei einer anderen Personengruppe jedoch das gegenteilige Verhalten auslöst. Auf diese Weise können die positiven Effekte eines Nudges durch negative Effekte ausgeglichen werden, was die Maßnahme im Endeffekt überflüssig oder sogar schädigend macht. Dieser Aspekt muss von Unternehmen bei der Implementierung von Nudges dringend berücksichtigt werden, worauf in 6.2.1 noch weiter eingegangen werden soll.

Nachdem in dem vorliegenden Kapitel das Nudging von Mitarbeitern betrachtet wurde, sollen im nächsten Kapitel die Chancen und Risiken im Hinblick auf das Nudging einer weiteren wesentlichen Stakeholdergruppe – den Verbrauchern – umfangreich untersucht werden.

4 Nudging von Verbrauchern: Die zwei Seiten des Corporate Nudging

Eine weit verbreitete Auffassung ist, dass politische Entscheidungsträger die Verbraucher in Richtung ihrer langfristigen Interessen lenken und Vermarkter die Verbraucher von ihren langfristigen Interessen abbringen, indem sie die Verbraucher dazu bringen, mehr zu kaufen, als sie es tun würden, wenn sie wirtschaftlich rational handeln würden. So bieten viele Unternehmen beispielsweise einen kostenlosen Versand ab einem bestimmten Einkaufswert an, obwohl der Versand offensichtlich nicht kostenlos ist. Doch über diesen Nudge („Gratis-Versand") legen die Kunden für weit mehr als fünf Dollar Dinge in ihren Warenkorb, die sie sonst nicht gekauft hätten, nur um sich für den irrational attraktiven kostenlosen Versand zu qualifizieren, anstatt einfach fünf Dollar für den Versand zu zahlen (Beggs, 2016, 125 f.). Die Nudge-Pioniere Richard Thaler und Cass Sunstein (2008) stellen folgende Behauptung auf: „markets often give companies a strong incentive to cater to (and profit from) human frailties, rather than to try to eradicate them or to minimize their effects" (S. 72). Im Folgenden wird darauf eingegangen, ob dies immer der Fall ist, denn offensichtlich besteht für private Unternehmen, die Waren und Dienstleistungen an Verbraucher verkaufen, ein signifikanter Anreiz, Maßnahmen zu ergreifen, die ihre Gewinne verbessern. Diese für das Unternehmen vorteilhaften Maßnahmen könnten wiederum für die Verbraucher gut oder schlecht sein, oder sie könnten sogar für einige Verbraucher gut und für andere schlecht sein. Allerdings muss man sich darüber im Klaren sein, dass die Bereitschaft privater Unternehmen begrenzt ist, Verbrauchern Nudges anzubieten, die in erster Linie vorteilhaft für die Verbraucher sind. Umgekehrt sind Unternehmen auch weniger bereit dazu, von Nudges abzusehen, welche zwar für die Verbraucher schädlich sind, für das Unternehmen jedoch profitabel (Beggs, 2016, 126).

C. Hoque, *Corporate Nudging*, BestMasters,
https://doi.org/10.1007/978-3-658-43728-2_4

Beggs (2016, 126 f.) differenziert aus diesem Grund zwischen zwei Arten von Nudges. So bezeichnet er Nudges, welche sowohl für die Produzenten als auch für die Verbraucher gewinnmaximierend sind, als „Pareto Nudges". In diesem Fall stimmen die Anreize des Unternehmens mit den Wünschen der Individuen überein. Nudges, welche hingegen für den langfristigen Nutzen der Verbraucher schlecht und für den Produzenten aber gut sind, bezeichnet er als „Rent-Seeking-Nudges". Beggs (2016) ordnet den zwei Nudge-Arten jeweils unterschiedliche Kategorien unter. Anhand dieser Kategorien und entsprechenden Beispielen, lassen sich in den folgenden zwei Abschnitten sowohl die Chancen und Risiken als auch die Kontexte, in welchen „Pareto-" bzw. „Rent-Seeking-Nudges" tendenziell vorkommen, verdeutlichen (Beggs, 2016, 126). Nachdem auf diese zwei Nudge-Arten eingegangen wurde, wird zum Abschluss dieses Kapitels die Rolle des Staats betrachtet, um Verbraucher beispielsweise vor den Rent-Seeking-Nudges zu schützen.

4.1 Pareto Nudges: wenn Verbraucher und Unternehmen von Nudges profitieren

Entgegen der weitverbreiteten Meinung, dass es ein universelles Spannungsverhältnis zwischen den Anreizen der Vermarkter und dem Wohlergehen der Verbraucher gibt, werden im Folgenden Beispiele vorgestellt, in denen Unternehmen die Grundsätze der Verhaltensökonomie nutzen, um nicht nur ihre Profitabilität zu steigern, sondern Verbraucher in Richtung ihrer langfristigen Interessen zu lenken (Beggs, 2017, 227). Die drei Kategorien, denen sich diese Beispiele zuordnen lassen, werden als „Saving Nudges", „Usage Nudges" und „Compliance Nudges" bezeichnet.

4.1.1 Saving Nudges: wie Nudges zum Sparen anstoßen können

Viele Haushalte geben an, nicht genug zu sparen, sei es für den Ruhestand, für größere Anschaffungen oder zur Deckung unerwarteter finanzieller Bedürfnisse. Neben fehlenden finanziellen Mitteln, welche in vielen Fällen zu dieser Situation beitragen, vermuten Verhaltensökonomen, dass die Tendenz zum Aufschieben (siehe 2.2.4) ebenfalls eine Rolle spielt. Wegen unseres Wunsches nach sofortiger Befriedigung, fangen wir lieber morgen als heute mit dem Sparen an. Programme, welche zu mehr Sparen ermutigen, sind daher mit den langfristigen

Interessen vieler Verbraucher im Einklang. Auf Unternehmensseite würden insbesondere Finanzinstitute und teilweise auch Arbeitgeber davon profitieren, wenn die Verbraucher bzw. Mitarbeiter mehr sparen, wie die im folgenden vorgestellten Programme zeigen (Beggs, 2016, 127 f.).

„Keep the Change Program“: Finanzinstitute profitieren vom Sparen der Verbraucher, weil es die Nachfrage nach den von den Finanzinstituten angebotenen Produkten anregt. So führte die Bank of America im Jahr 2005 beispielsweise ein sogenanntes „Keep the Change“-Programm ein, um die Nachfrage nach Sparkonten und Debitkarten-Transaktionen zu steigern. Dieses Programm rundet die Debitkarten-Transaktionen der Verbraucher auf den nächsten Dollar auf und zahlt das „Wechselgeld“ dann auf die Sparkonten der Kunden ein (Bank of America, 2022; Beggs, 2016, 128). Durch diese Standardeinstellung der Debitkarten-Transaktionen sparten die Kunden der Bank of America in den ersten zwei Jahren 400 Millionen Dollar. Dabei müsse jedoch beachtet werden, dass ein Teil dieses Betrags andere Beträge ersetzt haben könnte, die die Verbraucher gespart hätten. Dennoch stellen die Ergebnisse des Programms höchstwahrscheinlich einen Nettozuwachs an Ersparnissen dar, welche sich durch verhaltensökonomische Prinzipien erklären lassen (Beggs, 2016, 129).

Ein Ansatz zu Erklärung der Wirksamkeit der Maßnahme stellt die „enge Wahlklammerung“ (siehe 2.2.4) dar, da die durch das Programm generierten Sparbeträge dem Verbraucher einzeln betrachtet weniger bedeutsam erscheinen als ein einmaliger und höherer Sparbetrag. Größere Beträge geben dem Verbraucher somit eher das Gefühl, viel für das Sparen aufgeben zu müssen. Ein Bündel kleinerer Beträge, von denen einzeln betrachtet nichts Nennenswertes gekauft werden könnte, erscheint dem Verbraucher somit weniger schmerzhaft. Eine weitere Erklärung lässt sich aus der Mentalen Buchhaltung ableiten, da viele Menschen dem Geld auf dem Sparkonto gegenüber dem Girokonto eine gewisse psychologische Bedeutung beimessen und deshalb das Geld eher nicht ausgeben würden, wenn es als auf dem Sparkonto liegt (obwohl diese Unterscheidung meist künstlich ist; Beggs, 2016, 129). Weitere Erklärungsansätze für dieses Phänomen könnten die Verlustaversion sowie der Status quo Bias bieten. So könnte der Verbraucher den Verlust beim Sparen höherer Beträge höher gewichten als die Freude, die das regelmäßige Sparen höherer Beträge langfristig generieren könnte.

Da die Standardoption des Programms die „Nicht-Anmeldung“ ist und somit eine aktive Anmeldung der Verbraucher erfordert, scheint es eindeutig im Interesse der Verbraucher zu sein. Diese Opt-In-Option kann jedoch ebenfalls als Nachteil dieses Programms betrachtet werden, da nur Verbraucher davon profitieren, welche sich selbst bewusst sind, dass sie einen Anstoß brauchen. Wäre das Programm eine Opt-Out-Option, würden vermutlich zwar viele Verbraucher langfristig davon profitieren, könnten sich jedoch kurzfristig beschweren (Beggs, 2016, 129).

401(k) Default Enrollment: Arbeitgeber könnten in Form von 401(k)-Beiträgen (ein in den USA übliches betriebliches Altersvorsorgeprogramm) von dem Sparen der Arbeitnehmer profitieren. Im Gegensatz zu einer reinen Barvergütung führt die Teilnahme an einem vom Arbeitgeber gesponserten 401(k)-Programm dazu, dass sich die Mitarbeiter stärker an ihren Arbeitgeber gebunden fühlen, wodurch die Produktivität steigt, und die Fluktuation sinkt (Beggs, 2016, 128). Eine Fallstudie hat gezeigt, dass die Beteiligung der Arbeitnehmer am 401(k)-Programm von weniger als 50 Prozent auf fast 90 Prozent anstieg, als von einem Opt-In-System auf ein Opt-Out-System gewechselt wurde. Bei der Opt-Out-Variante wurden die Arbeitnehmer demnach standardmäßig in das Programm aufgenommen, konnten sich aber durch das Ausfüllen eines kurzen Formulars einfach abmelden (Madrian/Shea, 2001). In einer anderen Analyse wurde gezeigt, dass die Teilnahmequote am 401(k)-Programm höher ist, wenn den Arbeitnehmern eine geringere Auswahl an Plänen zur Verfügung steht (Iyengar/Jiang/Huberman, 2003).

Aus verhaltensökonomischer Sicht ist die Wirkung dieser Nudges einfach zu erklären. Zum einen legen experimentelle Belege zum Status quo Bias sowie zur Verlustaversion (siehe 2.2.4) nahe, dass die Nachteile einer Abkehr vom Status quo stärker gewichtet werden als die Vorteile. Aus diesem Grund sind die Verbraucher geneigt, den Status quo zu bewahren. Durch die Festlegung einer Standardoption des 401k-Plans wird ein psychologischer Status quo in den Köpfen der Verbraucher geprägt, weshalb ihre endgültigen Entscheidungen auf diesen Status quo ausgerichtet sind. Zum anderen erklärt das Paradoxon der Wahlmöglichkeiten, dass Verbraucher durch zu viele Wahlmöglichkeiten überfordert und frustriert werden, was sie davon abhalten kann, überhaupt eine Entscheidung zu treffen. Indem die Anzahl der verfügbaren Optionen begrenzt wurde, verringerten die Entscheidungsarchitekten das Frustrationspotenzial und ermutigten mehr Menschen, eine Entscheidung zu treffen, anstatt sich vor dem Programm zu drücken (Beggs, 2016, 130 ff.).

Infolge dieser Erkenntnisse haben viele US-amerikanische Unternehmen Richtlinien für die standardmäßige 401(k)-Anmeldung eingeführt. Programme dieser Art scheinen sowohl im Interesse der Unternehmen zu liegen als auch langfristig für die Verbraucher von Vorteil zu sein. Das Szenario, in dem die Standardeinstellung zur Anmeldung führt, obwohl das Gegenteil für den Verbraucher eigentlich optimal wäre, ist eher unwahrscheinlich, da es selten vorkommt, dass Menschen „zu viel“ für den Ruhestand sparen (Beggs, 2016, 131 f.). Dennoch ist es nicht auszuschließen, dass einige Menschen aus unterschiedlichen Gründen keinen Vorteil in der Standardanmeldung an das 401(k)-Programm sehen würden, da sie beispielsweise nicht qualifiziert genug sind, ihre Anlageentscheidungen selbst zu treffen und alternative Altersvorsorge-Programmen mit intensiver Beratung präferieren würden. Auch sonstige unerwartete Lebensereignisse, die kurzfristig höhere Geldsummen erfordern als die, die im Rahmen des 401(k)-Programms zur Verfügung stünde (z. B. bei Krankheiten) können Grund dafür sein, dass dieser Nudge den Menschen kurzfristig eher schadet, auch wenn sie langfristig gesehen davon profitieren würden.

„Save More Tomorrow“-Programme: Ein weiteres Beispiel für Saving Nudges stellen sogenannte „Save more Tomorrow“ Programme dar. Die Idee dahinter ist, Menschen dabei zu helfen, ihre zeitliche Inkonsequenz und ihre Neigung zu sofortiger Gratifikation zu überwinden, da diese zu prokrastinierten Sparentscheidungen führen. Durch das „Save More Tomorrow“ Programm von Richard Thaler und Shlomo Benartzi (2004) wurden die Teilnehmer ermutigt, nicht heute mehr Geld auf die Seite zu legen, sondern stattdessen einen Teil künftiger Gehaltserhöhungen zum Sparen zu verwenden. Insgesamt haben fast 80 Prozent der Teilnehmer der Pilotunternehmen diese Pläne angenommen, wovon 80 Prozent auch nach vier Gehaltserhöhungszyklen noch im Programm geblieben sind.

Auch an dieser Stelle liefern verhaltensökonomische Erkenntnisse eine Erklärung. Zum einen besteht, wie in Abschnitt 2.2.4 bereits erwähnt, gemäß unserer Zeitinkonsistenz und Neigung zu sofortiger Gratifikation das Potenzial, dass sich unsere Präferenzen häufig ändern. Indem das Programm keinen sofortigen Beitrag verlangt, umgeht es die Neigung der Verbraucher zu sofortiger Gratifikation und nimmt ihnen einen starken Anreiz, nicht teilzunehmen. Einmal angemeldet, wird die Anmeldung zum Status quo, und folglich mildert die Status-quo-Voreingenommenheit die zeitliche Inkonsistenz, die andernfalls dazu führen könnte, dass der Einzelne sich wieder abmeldet, wenn der Zeitpunkt gekommen ist, mehr zu sparen. Die Verlustaversion bietet ebenfalls eine Erklärung. Wie bereits erwähnt, neigen Menschen dazu, verlustavers zu handeln und potenzielle Verluste im Entscheidungsprozess überzubewerten. Folglich kann die Einordnung eines Ergebnisses als entgangener Gewinn anstelle eines expliziten Verlustes das Ergebnis für den Einzelnen günstiger (oder weniger ungünstig) erscheinen lassen. Indem die Programmgestalter nur verlangen, dass Teile künftiger Gehaltserhöhungen und nicht der aktuellen Vergütung für Einsparungen verwendet werden, verwandeln sie das, was sich im Moment wie ein Verlust anfühlen würde, in einen entgangenen künftigen Gewinn und verringern damit den Anreiz, nicht teilzunehmen. Außerdem können die Verbraucher ihre Beiträge zu einem strategisch günstigen Zeitpunkt ändern (Beggs, 2016, 131 f.).

Andere Studien haben jedoch auch gezeigt, dass Nudges, welche ebenfalls die Absicht haben, die Mitarbeiter zum Sparen anzuregen, eine gegenteilige Wirkung erzielen können. So haben Beshears, Choi, Laibson, Madrian und Milkman (2015) in Zusammenarbeit mit einem großen Produktionsunternehmen und dessen Pensionsplanverwalter ein Feldexperiment in einem 401(k)-Plan durchgeführt, um die Auswirkungen der Verbreitung von Informationen über das Verhalten von Gleichaltrigen (soziale-Normen) auf das Sparen zu messen. Die Mitarbeiter erhielten je nach ihrem 401(k)-Anmeldestatus unterschiedliche Briefe. So erhielten beispielsweise Mitarbeiter, die noch nie am 401(k)-Plan des Unternehmens teilgenommen hatten, Briefe mit der Aufforderung zur schnellen Anmeldung, die es ihnen ermöglichte, durch Rücksendung eines einfachen Antwortformulars sechs Prozent ihres Gehalts in den Plan einzuzahlen. Eine randomisierte Teilmenge der Formulare gab den Anteil der gleichaltrigen Kollegen an, die an dem Plan teilnehmen oder gleichaltrige Teilnehmer, die mindestens sechs Prozent ihres Gehalts in den Plan einzahlen. Durch diese soziale-Norm-Intervention wurde jedoch eine entgegengesetzte Reaktion bei den Adressaten der Norm-Formulare festgestellt: Der Erhalt von Informationen durch Gleichrangige reduzierte die Wahrscheinlichkeit einer späteren Einschreibung signifikant von 9,9 Prozent auf 6,3 Prozent, was einem Rückgang von etwa einem Drittel entspricht. Als möglichen Grund dafür nennen die Autoren die Entmutigung durch soziale Aufwärtsvergleiche. Die Informationen der Kollegen könnten dazu geführt haben, dass diese Arbeitnehmer ihre Ersparnisse weniger wahrscheinlich erhöhten, weil sie durch die Erinnerung an ihren niedrigen wirtschaftlichen Status entmutigt wurden. Diese Ergebnisse offenbaren also einen wichtigen Nachteil der Hervorhebung des Verhaltens von Gleichaltrigen, da diese Informationen ein Element des sozialen Vergleichs enthalten und Personen mit niedrigem Status möglicherweise negativ auf die Informationen reagieren könnten. Somit sollte ein besseres Verständnis dafür zu entwickelt werden, wie Peer-Informationen gestaltet werden können, dass solche oppositionellen Reaktionen minimiert werden (z. B. durch eine sorgfältige Auswahl der Referenzgruppe).

4.1.2 Usage Nudges: wann Verbraucher von reduziertem Konsum profitieren

Viele Unternehmen nutzen Geschäftsmodelle, die keine Gebühr pro Nutzung eines Produkts erheben, sondern stattdessen eine zeitabhängige Abonnementgebühr. Daher besteht für Unternehmen, deren Produkte nicht kostenlos angeboten werden können, ein Anreiz, Kunden zu einer geringeren Nutzung ihrer Produkte zu bewegen, da eine solche Nutzung zu Kosten, aber nicht zu Einnahmen führt. Somit haben einige Unternehmen einen Anreiz, Kunden zu einer geringeren Nutzung zu bewegen, wenn der dem Verbraucher in Rechnung gestellte Preis die Grenzkosten für den Hersteller bei hoher Nutzung nicht deckt. Diese Art von Nudges können ebenfalls für Verbraucher von Vorteil sein, wie das Beispiel von Online-Streaming-Diensten zeigt (Beggs, 2016, 131).

Online-Streaming-Nudges: Viele Menschen haben das Gefühl, dass sie zu viel fernsehen. Herkömmliche Kabelfernsehanbieter haben keinen Anreiz, diesen Menschen dabei zu helfen, sich zu verbessern – Kabelprogramme werden übertragen, unabhängig davon, ob Menschen sie ansehen oder nicht. Bei Streaming-Diensten sieht das hingegen etwas anders aus. Einerseits müssen Streaming-Anbieter manchmal für jedes Ansehen eines Inhalts eine Lizenzgebühr zahlen, was einen Anreiz für einen geringeren Konsum darstellt. Andererseits bedeuten mehr angesehene Inhalte mehr Möglichkeiten, umsatzgenerierende Werbung zu zeigen, was einen Anreiz gibt, die Verbraucher in Richtung eines höheren Konsums zu beeinflussen. Darüber hinaus bringt eine erhöhte Zuschauerzahl Leute oft dazu, über Shows zu sprechen, was zu Abonnements führt. Dies schafft einen zweideutigen Kompromiss für Dienste, die Anzeigen in ihren Programminhalten platzieren. Andere Dienste, wie Netflix und Amazon, platzieren keine Werbung in ihren Inhalten und haben daher weniger Anreize, den Konsum über den Konsum hinaus zu fördern, welcher erforderlich ist, um das Abonnement des Verbrauchers aufrechtzuerhalten. Ein Nudge von Streaming-Diensten, um ihre Verbraucher dazu anzustoßen, weniger zu konsumieren, besteht in einer regelmäßigen Abfrage, welche verlangt, dass der Verbraucher bestätigt, dass er immer noch zuschaut. Aus Sicht der Lizenzgebühren ist dies eindeutig im besten Interesse des Unternehmens. Dies dürfte jedoch auch im Interesse derjenigen Verbraucher sein, die ihren Konsum einschränken möchten, da sie aktiv zuzustimmen müssen, anstatt einfach mit der Standardeinstellung der nächsten Folge oder nächsten Serie fortzufahren. Auch dieser Nudge ist effektiv aufgrund des Status quo Bias. Wenn der Verbraucher nichts unternimmt, neigen Verbraucher zu der Standardeinstellung, weiterhin zuzuschauen, wenn nicht die Frage „Wollen Sie weiter zuschauen?" gestellt wird. Durch die Einführung einer solchen Frage verzerrt der Dienst die Kunden und verleitet sie vielleicht sogar dazu, weniger zu schauen. Indem die Verbraucher gefragt werden, ob sie weiterschauen möchten, machen Streaming-Dienste deutlich, dass der Verbraucher bereits eine Weile zugesehen hat, und ermutigen sie so, die „bereits verbrachte Zeit" im Auswahlprozess zu berücksichtigen und entmutigen den weiteren Konsum (Beggs, 2016, 133 ff.).

Es muss jedoch bedacht werden, dass es sicherlich Verbraucher gibt, die das Gefühl haben, nicht zu viel Netflix zu schauen und sich über den Nudge ärgern – insbesondere, wenn sie keine Fernbedienung in der Nähe haben. Die Menge an online-Artikeln zu dem Thema zeigt jedoch, dass dieser Nudge insgesamt dem entsprechen dürfte, was sich Verbraucher langfristig wünschen (Beggs, 2016, 134).

Utility Provider Nudges: Rechnungen zum Energieverbrauch enthalten mittlerweile häufig Informationen über den eigenen Energieverbrauch im Vergleich zu dem der Nachbarn sowie Möglichkeiten zum Energiesparen. Da Energiesparen in Wirklichkeit bedeutet, weniger von dem Produkt zu kaufen, das das Unternehmen verkaufen will, mögen diese Vorschläge etwas verwirrend erscheinen. Grund dafür ist zum einen, dass die für die Regulierung der Energieversorgungsunternehmen zuständigen staatlichen Stellen den Unternehmen häufig entweder Auflagen oder Anreize erteilen, um sie zum Energiesparen zu bewegen. Zum anderen müssen Versorgungsunternehmen einen scheinbar ständig wachsenden Energiebedarf decken, weshalb es kosteneffizienter ist, die Kunden zum Energiesparen zu ermutigen, anstatt Energie extern auf den Großhandelsmärkten zu kaufen oder die Fixkosten für die Erweiterung der eigenen Anlagen zu tragen. Aus diesen Beobachtungen lässt sich schließen, dass die von den Energieversorgern gesetzten Anreize darauf abzielen, weniger Energie zu verbrauchen (Beggs, 2016, 134 f.). Auch dieser Nudge funktioniert aufgrund eines starken Prinzips der Einflussforschung: soziale Normen. Wie bereits erläutert, neigen Menschen neigen dazu, sich so zu verhalten, wie Menschen, die ihnen ähnlich sind. In einem Feldexperiment steigerten Forscher beispielsweise die Wiederverwendung von Handtüchern in Hotels, indem sie die Gäste darüber informierten, dass die meisten Personen, die im selben Zimmer übernachteten, sich für die Wiederverwendung ihrer Handtücher entschieden (Goldstein et al., 2008).

Feldversuche speziell in der Energiewirtschaft haben die Wirksamkeit sozialer Normen bei der Senkung des Verbrauchs bestätigt. Studien, die von Energieversorgern selbst durchgeführt wurden, zeigten, dass diese indirekte Empfehlung, weniger zu verbrauchen, die Empfänger zum Energiesparen motivierte (Allcott, 2011; Ayres/Raseman/Shih, 2013). Beispielsweise erzielte das Unternehmen Opower durch Energieberichte mit einem Vergleich zum Energieverbrauch der

Nachbarn sowie Feedback in Form einer Smiley-Symbol-Bewertung zum aktuellen Verbrauch und Energiespartipps in den ersten beiden Jahren der Kampagne Energieeinsparungen von durchschnittlich 1,5 bis 2,5 Prozent in den Haushalten (Allcott, 2011, 1082; Enste/Potthoff, 2021, 50). Eine weitere Studie deutet jedoch darauf hin, dass dieser Nudge nur den gewünschten Effekt bei Haushalten erzielte, welche einen hohen Energieverbrauch hatten. Diejenigen Haushalte, die weniger als der Durchschnitt verbrauchten, erhöhten ihren Energieverbrauch leicht, was die Gesamtwirkung des Nudges etwas abschwächt, wenn er nicht selektiv angewendet wird. Dieser sogenannte unerwünschte Bumerangeffekt konnte jedoch durch die Aufnahme einer auffordernden Botschaft, die soziale Zustimmung oder Missbilligung vermittelte, aufgehoben werden. Die Ergebnisse zeigen, dass der Erfolg solcher Apelle, die auf sozialen Normen beruhen, richtig formuliert werden sollten, um erfolgreich zu sein (Schultz/Nolan/Cialdini/Goldstein/Griskevicius, 2007). Solche anreizbasierten Ansätze scheinen bei geringeren Kosten eine mindestens ebenso große Wirkung zu haben wie frühere Versuche (z. B. der Einsatz von Subventionen für energieeffiziente Glühbirnen). Aus einer breiteren gesellschaftlichen Perspektive ist der Nudge außerdem effizient, weil er die durchschnittlichen Energiekosten senkt und die durch den Energieverbrauch verursachten externen Kosten reduziert, was den Verbrauchern insgesamt zugutekommt (Beggs, 2016, 136).

4.1.3 Compliance Nudges: wenn wir durch Nudges Regeln befolgen

Produzenten profitieren davon, wenn sie mehr von einem Produkt verkaufen, solange der Verkaufspreis die Grenzkosten des Produzenten deckt. Die Nudging-Anreize der Produzenten stimmen mit den Anreizen der Verbraucher überein, wenn auch die Verbraucher langfristig davon profitieren, mehr von dem Produkt zu konsumieren. Ein Beispiel für einen Markt, auf denen solche Anreize bestehen ist der Markt für Pharmazeutika. So ist die Einhaltung der Medikamenteneinnahme ein wichtiges Thema im medizinischen Bereich. Deshalb wäre es im Interesse der Patienten, ein System zu haben, das die ordnungsgemäße und vollständige Einnahme der ihnen verschriebenen Medikamente fördert. In ähnlicher Weise liegt es im Interesse der Pharmaunternehmen, dass die Verbraucher ihre Rezepte einlösen, da dadurch mehr Produkte gekauft werden. Patienten können mit Hilfe von Verhaltensprinzipien zu einer besseren Medikamenteneinhaltung angehalten werden (Beggs, 2016, 136 f.).

Zum einen können dieselben deskriptiven Normbotschaften, die den Verbrauchern nachweislich helfen, ihren Energieverbrauch zu senken, sie auch dazu bringen, ihre Tabletten zu nehmen. Zum anderen bietet die menschliche Tendenz zur Übergewichtung kleiner Wahrscheinlichkeiten eine Möglichkeit, Patienten zur Einhaltung von Medikamentenvorschriften zu motivieren (Beggs, 2016, 136 f.). In einer Studie von Volpp, Loewenstein, Troxel, Doshi, Price, Laskin und Kimmel (2008) nahmen Schlaganfallpatienten, denen das Medikament Warfarin verschrieben worden war, an einer Lotterie teil, die eine ein-prozentige Chance auf einen Gewinn von 100 Dollar bot. Die Auszahlung hing dabei von der ordnungsgemäßen Einhaltung der Medikamentenverordnung ab. Die Studie basierte auf einer kleinen Stichprobe, zeigte jedoch eine Befolgungsrate von 100 Prozent im Vergleich zu 80 Prozent in der Kontrollgruppe, die nicht am Gewinnspiel teilnahm. Obwohl es sich eher um einen finanziellen Anreiz als um einen Nudge im engeren Sinne handelt, entspricht dieses Ergebnis den Idealen des Nudges, den Verbraucher zu nichts zu zwingen und eine kleine Veränderung anzubieten, die eine unverhältnismäßig große Wirkung hat.

Die unter 4.1 untersuchten Anreize sind für die Unternehmen, die sie anwenden, gewinnbringend, weil sie den Gewinn erhöhen, den die Unternehmen mit jedem Verbraucher erzielen. Dies ist jedoch keine Voraussetzung dafür, dass ein Nudge für ein Unternehmen profitabel ist. So kann ein Nudge, der pro Kunde unprofitabel ist, insgesamt profitabel sein, wenn er insgesamt die Zahl der Verbraucher erhöht. Darüber hinaus kann ein Nudge, der nicht direkt vorteilhaft ist, für ein Unternehmen insgesamt vorteilhaft sein, wenn er das Markenimage oder die Loyalität im allgemeinen Sinne verbessert (Beggs, 2016, 138). Als nächstes werden Nudges vorgestellt, die hauptsächlich am Gewinn des Unternehmens ausgerichtet sind und nicht darauf bedacht sind, den Verbrauchern zugutekommen.

4.2 Rent-Seeking-Nudges: wenn nur das Unternehmen von Nudges profitiert

Eine weit verbreitete Auffassung ist, dass politische Entscheidungsträger die Verbraucher in Richtung ihrer langfristigen Interessen lenken und dass Vermarkter die Verbraucher von ihren langfristigen Interessen abbringen, indem sie die Verbraucher dazu bringen, mehr zu kaufen, als sie es tun würden, wenn sie wirtschaftlich rational handeln würden (Beggs, 2016, 126). Dass das nicht gänzlich stimmt, haben die vorigen Abschnitte gezeigt. Jedoch ist es tatsächlich so, dass nicht alle der von privaten Unternehmen eingesetzten Nudges den Verbrauchern zugutekommen – man denke nur an das eingangs beschriebene „Gratis-Versand“-Beispiel, welches einen Nudge zeigt, der ganz klar dem Gewinnstreben dienen soll (Beggs, 2016, 138). Daher soll in dem folgenden Abschnitt untersucht werden, wo andere „Rent-Seeking-Nudges“ auftreten und wie man sie erkennen kann. Insgesamt werden drei Kategorien von Rent-Seeking-Nudges vorgestellt: Standardeinstellungen, Usage Nudges und Honesty Nudges.

4.2.1 Standardeinstellungen: wenn Unternehmen bewusst von unserer Trägheit profitieren

Genauso wie das Vorhandensein einer Standardeinstellung starke Auswirkungen auf die Teilnahme an 401(k) haben kann, können Voreinstellungen von Vermarktern eingesetzt werden, um die Akzeptanz und den Verkauf von Produkten zu steigern, die die Verbraucher langfristig vielleicht gar nicht wollen. Diese Art von Entscheidungsarchitektur oder „Standard“-Nudge ist so allgegenwärtig geworden, dass wir sie fast nicht mehr bemerken. Häufig vorkommende Beispiele dafür sind Standard-Anmeldungen für einen E-Mail-Newsletter oder Zusatzversicherungen bei einer Autovermietung, welche in der Regel stark überteuert und oft überflüssig sind. Solche Nudges sind besonders effektiv, weil sie nicht nur den bereits erwähnte Status-quo-Bias ausnutzen, sondern auch den Mangel an Aufmerksamkeit, da der Verbraucher vielleicht gar nicht weiß, dass er überhaupt eine Wahl zu treffen hat (Beggs, 2016, 138). Hierbei muss jedoch bedacht werden, dass zwar viele Menschen ein E-Mail-Konto extra für Junk-Mails einrichten und auch Auto-Zusatzversicherungen für unverhältnismäßig und überflüssig halten, es jedoch auch Menschen gibt, die Newsletter-Mails tatsächlich gerne lesen und sich bei Autoversicherungen aufgrund ihres geringen Verständnisses von Versicherungstexten sicherer fühlen und somit davon profitieren, wenn sie automatisch besser (wenn auch marginal) abgesichert sind. Man könnte auch argumentieren, dass im Falle einer reinen „Basic-Standard-Versicherung“ aufgrund unserer Trägheit nur jene eine Zusatzversicherung abschließen würden, die sich besser mit Versicherungen auskennen und somit eine fundiertere Entscheidung treffen können. Personen mit niedrigerem Bildungsstand würden somit wahrscheinlich eher ein höheres Risiko tragen.

4.2.2 Usage Nudges: wie Unternehmen uns entmutigen, ihre Dienste zu nutzen

Wie bereits erwähnt, besteht für Unternehmen, die Abonnementgebühren erheben, ein allgemeiner Anreiz, die tatsächliche Nutzung ihrer Produkte zu unterbinden. Verbraucher, die einen positiven Grenznutzen aus der Nutzung der Produkte ziehen und die Produkte auf lange Sicht selbst gerne mehr nutzen würden, wären durch einen Anreiz zur geringeren Nutzung somit benachteiligt. Dieses Ungleichgewicht der Anreize kann zu „Rent-Seeking Nudges“ führen, deren Auswirkungen oft durch Nudges verstärkt werden, die die Verbraucher von einer Kündigung des Dienstes abhalten, obwohl sie ihn nicht ausreichend in Anspruch nehmen. Ein Beispiel hierfür ist der Versuch, den Fitnessstudio-Vertrag zu kündigen (Beggs, 2016, 139; Stancil, 2015, 115 f.).

Fitnessstudio-Mitgliedschaften: Viele Menschen berichten, dass sie gerne häufiger ins Fitnessstudio gehen würden, als sie es tatsächlich tun. Fitnessstudios hingegen arbeiten mit Geschäftsmodellen, die darauf beruhen, dass die meisten Menschen gar nicht ins Fitnessstudio gehen. Aus diesem Grund besteht auf Seiten der Fitnessstudios der Anreiz, seine Mitglieder dazu zu bewegen, die monatlichen Beiträge weiterhin zu zahlen, ohne die Einrichtungen tatsächlich zu nutzen. Um das zu erreichen, wenden viele Fitnessstudios eine Reihe von verhaltensökonomischen Prinzipien an. Zum einen bietet die Sunk-Cost Fallacy einen Erklärungsansatz. So erheben manche Fitnessstudios bewusst eine niedrige monatliche Gebühr, die Einnahmen bringt, aber dem Kunden nicht das Gefühl gibt, dass er „auf seine Kosten kommen muss“ (Beggs, 2016, 139). Des Weiteren können die Zahlungen in der Regel automatisch über eine Debit- oder Kreditkarte erfolgen, sodass der Kunde nicht jeden Monat einen Scheck ausstellen oder den Betrag auf andere Weise aktiv überweisen muss (DellaVigna/Malmendier, 2006). Die menschliche Trägheit und der Status quo Bias machen es wahrscheinlicher, dass die Kunden angemeldet bleiben und sich nicht aktiv abmelden.

Der Erfolg von Rent-Seeking-Usage-Nudges beruht außerdem auf der Beobachtung, dass scheinbar kleine Hürden oder Transaktionskosten irrational große Auswirkungen auf das Verhalten haben können. Indem Fitnessstudios verlangen, dass Verträge persönlich oder per Einschreiben gekündigt werden müssen, schaffen sie genau diese theoretisch kleinen Hürden, die Menschen davon abhalten zu kündigen. Während ein langfristig orientierter Verbraucher erkennt, dass diese kleine Maßnahme ihn vor potenziell lebenslangen zukünftigen Zahlungen für das Fitnessstudio bewahrt, sieht der kurzfristig orientierte Verbraucher die Mühe der Kündigung gegen die sofortige geringe monatliche Zahlung und entscheidet, dass sich der Aufwand nicht lohnt (Beggs, 2016, 140). Dieses Aufschieben der Kündigung könnte auf unsere zeitinkonsistenten, gegenwartsabhängigen Präferenzen zurückzuführen sein (siehe 2.2.4).

Zudem sprechen einige Fitnessstudios durch niedrige monatliche Gebühren und dem Angebot von Annehmlichkeiten, wie z. B. Liegen und Saftbars, gezielt Kunden an, die dazu neigen, das Fitnessstudio nicht zu nutzen. Einige Fitnessstudios veranstalten sogar Pizza-Partys und Filmabende, um die Leute dazu zu bringen, ihre Mitgliedschaft weiter zu bezahlen, selbst wenn ihnen klar ist, dass sie das Fitnessstudio nicht wirklich nutzen werden. Diese Angebote geben den Mitgliedern das Gefühl, das Fitnessstudio genutzt zu haben (d. h. ihr Geld wert zu sein), was den Wunsch verringert, wiederzukommen und die Geräte des Fitnessstudios zu nutzen, um ihre versunkenen Kosten „zurückzugewinnen" (Beggs, 2016, 140). An dieser Stelle kann jedoch argumentiert werden, dass Angebote wie Liegen und Saftbars weniger motivierte Leute dazu bringen können, das Fitnessstudio überhaupt zu besuchen. So ist es für jene Mitglieder vorteilhafter wenigstens einmal im Monat ins Fitnessstudio zu gehen als kein Mal, weshalb dieser Nudge, abhängig von dem Verhalten der einzelnen Mitglieder, auch als Pareto-Nudge ausgelegt werden könnte.

4.2.3 Honesty Nudges: wenn die Ehrlichkeit der Verbraucher Gewinne maximiert

Auf dem Markt gibt es viele Fälle, in denen die Kosten einer Dienstleistung und somit letztlich auch der Preis einer Dienstleistung für den Verbraucher von den besonderen Merkmalen des jeweiligen Verbrauchers abhängt. Ein Paradebeispiel für solche Fälle sind Versicherungsmärkte, welche potenzielle Kunden beispielsweise nach Informationen über ihre Gesundheit oder ihr persönliches Eigentum fragen, ohne dass diese Informationen von einer dritten Partei überprüft werden. Potenzielle Kunden werden demnach dazu gebracht, Daten zu melden, welche im Interesse des Anbieters zu höheren Preisen führen (Beggs, 2016, 142). Auch hier können somit Nudging-Maßnahmen, wie sie intern gerichtet im Bereich der Corporate-Compliance eingesetzt werden (siehe 3.2.9), im Bereich von Versicherungspolicen helfen. So kamen auch Shu, Mazar, Gino, Ariely und Bazerman (2012) in ihrer Studie zu dem Ergebnis, dass sich eine Unterschrift am Anfang einer Selbstauskunft positiv zu einer Reduktion der Unehrlichkeit beim Ausfüllen der Formulare führte. Dieses Ergebnis wurde durch eine weitere Studie, in der eine Stichprobe von etwa 13.000 Autoversicherungskunden ihre gefahrenen Kilometer angeben sollten, bestätigt. Die besagte Studie kam außerdem zu dem

Ergebnis, dass sich das Verhalten bei einer Unterschrift am Ende eines Formulars nicht wesentlich von dem unterscheidet, wenn überhaupt keine Unterschrift verlangt wird (Beggs, 2016, 142).

Die Einstufung dieses Nudges als „Rent-Seeking“ ist fragwürdig, da viele Verbraucher auf lange Sicht der Ehrlichkeit Vorrang einräumen würden. Jedoch hat der Nudge das Ziel, die Verbraucher in einer für die Produzenten vorteilhaften Weise finanziell schlechter zu stellen, was definitionsgemäß auf einen Rent-Seeking-Nudge zutrifft (Beggs, 2016, 142). Die Tatsache, dass Verbraucher, welche aufgrund ihrer ehrlichen Antworten eventuell einen höheren Preis zahlen müssen, ebenfalls ein größeres Risiko und somit potenziell höhere Kosten für den Versicherungsanbieter bergen, kann als Rechtfertigung für diese Vorgehensweise zur Preisstaffelung betrachtet werden. Alternativ müssten alle Kunden mehr zahlen, damit der Versicherungsanbieter noch kostendeckend agieren kann und das wäre womöglich nicht im Einklang mit dem Gerechtigkeitsgedanken der Mehrheit der Verbraucher.

Die vorgestellten Beispiele zeigen, dass die Entscheidungen von Verbrauchern bzw. Konsumenten einer situativ begrenzten Rationalität unterliegen, bei der die Bildung von Präferenzen sowie das Konsumverhalten von sozialen Einflüssen und einer Vielzahl von Verhaltensanomalien wie Verlustaversion, sozialen Normen, Optimismus und Status Quo abhängen. Die Änderung von Konsumentscheidungen erfordert daher mehr als die ausschließliche Berücksichtigung rationaler Motive (Enste/Potthoff, 2021, 35). Die Berücksichtigung verhaltenswissenschaftlicher Erkenntnisse macht es somit Unternehmen möglich, durch Pareto Nudges nicht nur das Unternehmen, sondern ebenfalls die Verbraucher auf einfache, kostengünstige und effiziente Weise besser zu stellen. Die Rent-Seeking Nudges zeigten hingegen die „dunkle“ Seite des privatwirtschaftlichen Nudging. Sie machen deutlich, dass Unternehmen Verhaltensanomalien der Verbraucher zu seinen Gunsten ausnutzen können und so Nudges einsetzen können, welche ausschließlich mit dem Interesse des Unternehmens, nicht jedoch mit dem langfristigen Interesse der Verbraucher übereinstimmen. Die Gefahr dabei ist, dass Verbraucher sich häufig selbst nicht bewusst sind, dass sie von ihren langfristigen Interessen weggedrängt werden. Darüber hinaus ist es ebenfalls möglich, dass Verbraucher, welche sich darüber bewusst sind, dass sie in ihrer Entscheidung beeinflusst werden, trotzdem für Rent-Seeking-Nudges und andere Arten von Nudges empfänglich sind (Beggs, 2016, 143).

4.3 Die Rolle des Staats beim Einsatz von Rent-Seeking-Nudges im privaten Sektor

Die vorgestellten Beispiele in diesem Kapitel zeigen, dass private Unternehmen sowohl Anreize haben, Nudges einzusetzen, welche vorteilhaft für die Verbraucher sind als auch solche, welche primär an dem Gewinn des Unternehmens und nicht am Wohl der Verbraucher ausgerichtet sind. Der Anreiz, Nudges bereitzustellen, die für die Kunden vorteilhaft sind, hängt also hauptsächlich davon ab, ob diese Nudges auch für das Unternehmen selbst vorteilhaft sind. Auf diese Weise kann es passieren, dass sozialeffiziente Nudges von Unternehmen nicht bereitgestellt werden und stattdessen Anreize für Unternehmen bestehen, sozialineffiziente Nudges bereitzustellen. Dieses Versagen der Märkte liefert eine Rechtfertigung für die Regierung, eigene Nudges zu implementieren oder Rent-Seeking-Nudges zu verbieten. Es wird viel darüber diskutiert, welche Rolle dem Staat zukommt, wenn es darum geht, die Verbraucher in Richtung „guter" langfristiger Entscheidungen zu beeinflussen (Beggs, 2017, 150 ff.).

Wie wir in dem Beispiel von Energieeinsparungsmaßnahmen gesehen haben, haben Regierungen die Möglichkeit, indirekte Anreize für private Unternehmen zu schaffen, damit diese Unternehmen Maßnahmen ergreifen, die für die Verbraucher oder Gesellschaft von Vorteil sind. Auf diese Weise würden staatliche Anreize zum Teil eine ähnliche Funktion erfüllen wie die bestehenden Subventionen für Aktivitäten, die positive externe Effekte erzeugen, wenn auch wahrscheinlich zu wesentlich geringeren Kosten. Die Regierung hat also eine wertvolle Rolle als „Nudger of last resort", um die langfristigen Präferenzen der Verbraucher zu fördern (Beggs, 2017, 152 f.).

Dem Staat kommt außerdem eine wichtige Rolle zu, wenn es darum geht, die Verbraucher vor dem Einsatz von Rent-Seeking-Nudges seitens Unternehmen zu schützen. Dies gilt insbesondere für den Einsatz von Standardeinstellungs-Nudges, da der Staat nicht nur Standardvorgaben setzen kann, sondern auch Verbote für bestimmte Standards aussprechen kann. Beispielsweise entschied der Bundesgerichtshof in einem Urteil im Jahr 2008, dass es einem Unternehmen untersagt ist, bei Online-Kunden den Newsletter-Haken standardmäßig zu setzen. Auch bei Online-Flugbuchungen dürfen Zusatzversicherungen nicht standardgemäß voreingestellt sein (Bruttel/Stolley, 2014). Das im Folgenden etwas ausführlicher vorgestellte Beispiel soll die Relevanz des staatlichen Eingriffs und der Erkenntnisse aus der Verhaltensforschung im Bereich des Verbraucherschutzes verdeutlichen.

Eine Intervention der Consumer Protection and Fair Trade Authority (CPFTA) in Israel hatte das Ziel, die Verbraucher vor dem „ausbeuterischen" Einsatz des

Standardeinstellungs-Nudges von Unternehmen zu schützen. Die CPFTA hat auf Basis verhaltensbezogener Erkenntnisse eine Richtlinie in Bezug auf die Verringerung von Verpackungsinhalten bei gleichbleibendem Preis erarbeitet und verhängt Geldsanktionen gegen Unternehmen, die gegen diese Richtlinien verstoßen. Seit den 2000ern konnte nämlich beobachtet werden, dass Unternehmen zunehmend die Menge in ihren Produkten verringert und den Preis konstant gehalten haben, um einen effektiven Preisanstieg zu erzielen, ohne den Kaufpreis sichtlich zu erhöhen. Analysen und Beobachtungen zeigen allerdings, dass die Unternehmen bei der Verkleinerung der Verpackungsinhalte häufig irreführende Taktiken anwenden und die Auswirkungen der Veränderungen bewusst vor dem Verbraucher verbergen (z. B. Verringerung des Volumens bei Flaschen durch veränderte Bodenform). Manchmal behalten Unternehmen die ursprüngliche Größe der Verpackung bei reduziertem Inhalt auch einfach bei (OECD, 2017, 76 ff.).

In den frühen 2000er Jahren reagierte der israelische Verbraucherschutzbeauftragte auf dieses Problem mit der Veröffentlichung von Leitlinien, in welchen klargestellt wurde, dass eine Verringerung der Verpackungsgröße eine Irreführung darstellt und dass Unternehmen und Lieferanten solche Verringerungen auf der Verpackung deutlich angeben sollten. Diese Angaben sollten das frühere Produktgewicht, das neue Gewicht und den Prozentsatz der Reduzierung enthalten. Jüngste Erkenntnisse aus der Verhaltensforschung untermauern diese Leitlinien. Die Forschung zeigt, dass die Verbraucher dazu neigen, sich auf ein einziges Merkmal zu konzentrieren, welches als Salienz-Attribut der Ware bezeichnet wird. Die Verbraucher legen bei ihrer Kaufentscheidung überproportional viel Wert auf dieses Attribut (z. B. Preis, Qualität oder Größe) im Vergleich zu anderen Merkmalen. Wenn ein Verbraucher eine Kaufentscheidung trifft, bewertet er das Attraktivitätsmerkmal des Produkts im Verhältnis zu einem Referenzpunkt. Wenn das Attraktivitätsmerkmal beispielsweise der Preis ist, kann der Bezugspunkt der Preis von Parallelprodukten mit ähnlichen oder durchschnittlichen Merkmalen sein, oder alternativ der Preis desselben Produkts in der Vergangenheit oder in anderen Geschäften (OECD, 2017, 76 ff.). Studien zeigen, dass Verbraucher einen Kauf vermeiden oder stark reagieren, wenn sie eine überraschende Preiserhöhung im Vergleich zum Referenzpunkt feststellen (Bordalo/Gennaioli/Shleifer, 2013). Dieser Fokussierungseffekt spiegelt sich in der Schwierigkeit der Verbraucher wider, Mengenänderungen zu bemerken. Da einer der wichtigsten Grundsätze der Verbraucherschutzgesetzgebung darin besteht, die inhärenten Informationslücken zwischen Unternehmen und Verbrauchern zu schließen, sollten Regulierungsbehörde in einem solchen Fall von Verhaltensversagen eingreifen, um sicherzustellen, dass die Verbraucher alle Informationen erhalten, die sie für fundierte wirtschaftliche Entscheidungen benötigen (OECD, 2017, 76 ff.).

Eine häufige Kritik an der Verwendung der Erkenntnisse der Verhaltensökonomie für die Gestaltung der öffentlichen Politik ist, dass es keine Garantie dafür gibt, dass die politischen Entscheidungsträger nicht unter denselben kognitiven Biases leiden wie andere Akteure in der Wirtschaft. Verhaltensökonomen konnten jedoch in einer Reihe von Kontexten feststellen, dass Menschen weniger Verhaltensverzerrungen aufweisen, wenn sie gebeten werden, Entscheidungen im Namen anderer zu treffen (Zikmnud-Fisher/Sarr/Fagerlin/Ubel, 2006). Andere Kritiker des staatlich geförderten Nudging weisen darauf hin, dass viele Nudges unwirksam und unangemessen sind, weil die Bürger sich rationaler verhalten, als die Regierung ihnen zutraut. Dem kann jedoch entgegensetzt werden, dass unwirksame Nudges nicht schädlich sind, weil sie keinen Zwang ausüben und im Zweifelsfall einfach ignoriert werden können. Allerdings sollte bedacht werden, dass für staatliche Nudges, politisches Kapital aufgewendet wird, welches bestenfalls nicht für unwirksame Maßnahmen verschwendet werden sollte. Außerdem können unwirksame Nudges kontraproduktiv sein, da sie die wahrgenommene Wirkung von Nudges verringern und möglicherweise sowohl die politische Unterstützung als auch die Bereitschaft der Verbraucher schwächen, sich künftigen Nudges zu unterwerfen (Beggs, 2017, 153).

Der staatliche Eingriff und insbesondere Einsatz von Nudges ist ein vieldiskutiertes Thema, auf welches aus Gründen des Umfangs in dieser Arbeit jedoch nicht weiter eingegangen werden soll. Zusammenfassend ist jedoch zu festzuhalten, dass Unternehmen Anreize für sozialineffiziente Nudges und fehlende Anreize für sozialeffiziente Nudges haben können und der Staat eine wichtige Rolle dabei einnimmt, in Fällen des Marktversagens zum Schutz der Gesellschaft und Verbraucher mittels Nudges oder sonstiger Anreize einzugreifen. Die vorangegangenen Kapitel haben eine Übersicht der wesentlichsten Erkenntnisse der Verhaltensökonomie gegeben und aufgezeigt, was für Potenziale der Nudge-Ansatz für Unternehmen bietet. Außerdem wurde die „dunkle" Seite des Corporate Nudging vorgestellt, welche erste Implikationen für die ethischen Bedenken des Nudge-Ansatzes liefern. Das nächste Kapitel soll daran anknüpfen und eine ethische Perspektive einnehmen. Es soll der Aspekt der möglichen ethischen Risiken, die mit der Anwendung von Nudges in Unternehmen einhergehen, diskutiert werden. Das Kapitel 5 adressiert demnach insbesondere den dritten Teil der Forschungsfrage: „Welche (ethischen) Risiken gehen mit dem Einsatz von Nudges für Unternehmen einher?"

5 Normative Analyse: Diskussion von Vor- und Nachteilen des Nudge-Ansatzes

Wie die Erkenntnisse aus der Verhaltenswissenschaft zeigen, laufen ein Großteil unserer Entscheidungsfindung unbewusst ab (siehe 2.2.2–2.2.4), was bedeutet, dass unser Verhalten verändert werden kann, ohne dass wir es wissen oder mitbekommen (Bazerman/Gino, 2012). Tatsächlich arbeiten einige der effektivsten Entscheidungsstrukturen „im Dunkeln" und steuern unser Verhalten, ohne dass wir etwas von ihrem Einfluss merken (Bovens, 2009). Dies hat Kritiker dazu veranlasst, die Ethik des Nudging in Frage zu stellen und insbesondere seine Auswirkungen auf die Wahlfreiheit, Willensautonomie, rationale Handlungsfähigkeit und das Wohlergehen des Einzelnen sowie der Grenze zur Manipulation. Die Kritik wurde weitgehend ausgeräumt und stützt sich auf die Behauptung, dass die Entscheidungsarchitektur unvermeidlich sei (Sunstein, 2015, 414 f.). Dieses Kapitel bietet einen Überblick über die bisherige Debatte, welche zur Ethik des Nudging in der Fachliteratur geführt wird. Zum Einstieg werden die in dieser Arbeit schon häufiger erwähnten Vorteile des Nudging kurz zusammengefasst. Anschließend werden verschiedene Einwände, die von Kritikern hauptsächlich vorgebracht werden, erläutert und anhand von Gegenargumenten zur Verteidigung des Nudging diskutiert.

5.1 Nudging ist kosteneffizient, freiheitsbewahrend, populär und „unvermeidlich"

Laut Befürwortern gebe es mehrere Argumente, welche für das Nudging sprechen. In der Literatur wurden vor allem die folgenden vier zentralen Hauptargumente hervorgehoben, welche an dieser Stelle nur kurz erläutert werden sollen und in den folgenden Abschnitten noch ausführlicher diskutiert werden.

C. Hoque, *Corporate Nudging*, BestMasters,
https://doi.org/10.1007/978-3-658-43728-2_5

So liegt ein wesentliches Argument von Befürwortern in der **Kosteneffizienz und Einfachheit** von Nudging-Maßnahmen. Die meisten Nudging-Maßnahmen seien demnach einfach umzusetzen (Arno/Thomas, 2016; Hummel/Maedche, 2019).

Zweitens respektieren Nudges in der Regel die **Wahlfreiheit**, da sie weder Optionen ändern oder beseitigen noch wirtschaftliche Anreize wesentlich verändern. Die Wahlfreiheit kann wertvoll sein, da sie oft notwendig ist, um die Autonomie zu respektieren (siehe 5.3; Schmidt/Engelen, 2020, 3).

Drittens deutet einiges darauf hin, dass die Menschen im Vergleich zu herkömmlichen Maßnahmen wie Steuern und Geldstrafen eher bereit sind, **Nudges zu akzeptieren**. Insgesamt neigen Menschen dazu, Nudges zu begrüßen, zumindest insofern sie Ziele fördern, die sie unterstützen (Chowdhury, 2021, 7; Hagman/Andersson/Västfjäll/Tinghög, 2015; Reisch/Sunstein, 2016). In einer Zusammenfassung von zehn zentralen Studien, die die Reaktionen der Verbraucher auf Nudges in verschiedenen Ländern untersucht haben, kam Chowdhury (2021, 7) zu der Erkenntnis, dass Verbraucher u. a. vor allem Nudges wie Wahlmöglichkeiten in Supermärkten (z. B. Platzierung gesunder Lebensmittel an prominenter Stelle), Informationspflichten (z. B. Ampeln auf Lebensmitteletiketten) und Standardregeln (z. B. Opt-Out bei Organspenden) usw. befürworten. Darüber hinaus bevorzugten die Verbraucher „Typ-2-Nudges" gegenüber „Typ-1-Nudges" sowie transparente Nudges gegenüber unbemerkten Nudges.

Ein letztes wesentliches Argument ist, dass eine **Entscheidungsarchitektur unvermeidlich** scheint (Sunstein, 2015, 420 ff.). Häufig gibt es keine neutrale Möglichkeit, Optionen zu gestalten, da Entscheidungen immer auf die eine oder andere Weise beeinflusst werden. Der Verzicht auf die bewusste Gestaltung von Vorgaben und Wahlumgebungen wäre dann eine Entscheidung dafür, zu ignorieren, wie Menschen vermeidbare suboptimale Entscheidungen treffen (Schmidt/Engelen, 2020, 3). Im Rahmen der ethischen Debatte über Nudges ist es jedoch von Bedeutung, ob eine Wahlarchitektur eher unbeabsichtigt oder sogar zufällig entsteht oder bewusst gestaltet wurde (Hausman/Welch, 2010, 133). Nudges mit einer absichtlichen Entscheidungsarchitektur können demnach ethische Bedenken aufwerfen, die für zufällige Einflüsse nicht gelten. Einige der Bedenken, die weiter unten erörtert werden, z. B. in Bezug auf Manipulation, gelten nur für absichtliche Nudges.

Zusammenfassend lässt sich sagen, dass Nudging eine kosteneffiziente, evidenzbasierte, freiheitsbewahrende und vergleichsweise populäre Methode ist. Es erscheint demnach nur sinnvoll, die Entscheidungsarchitektur, die uns ohnehin auf die eine oder andere Weise beeinflusst, zu nutzen, um Individuen oder die Gesellschaft besser zu stellen. Da der Nudge-Ansatz eine Verhaltensänderung bewirkt, war jedoch zu erwarten, dass er auch auf heftige Kritik gestoßen ist. Diese Diskussion rund um die Bedenken von Kritikern wird im folgenden Abschnitt dargestellt.

5.2 Ist Nudging wirklich freiheitserhaltend?

Eines der Hauptargumente des Nudge-Ansatzes ist ihren Begründern Richard Thaler und Cass Sunstein (2008, 5) nach, dass diese Methode die Freiheit der Menschen nicht einschränkt. Einige Nudge-Gegner argumentieren jedoch, dass Nudges unsere **Wahlfreiheit** untergraben können und daher nicht so „freiheitserhaltend" oder „leicht widerstandsfähig" sind, wie die Befürworter behaupten (Grüne-Yanoff, 2012). Wie die Kritiker jedoch argumentieren, basiert die gesamte Theorie hinter der Verhaltensökonomie und der Nudge-Theorie auf der Tatsache, dass Menschen keine hyperrationalen Wesen sind und dass ihre Entscheidungen tatsächlich sehr leicht manipuliert werden können. Das bedeutet, dass wir nicht sagen können, dass Menschen die Fähigkeit haben, einen Nudge einfach oder überhaupt abzulehnen (Hansen/Jespersen, 2013, 14 f.).

Befürworter behaupten jedoch, dass es einer Person freisteht, sich völlig anders zu verhalten, als wie der Nudge es vorsieht (Sunstein, 2014, 2). Dementsprechend vertreten die Befürworter in der Regel die Ansicht, dass Nudge-Techniken keinen so starken Einfluss ausüben sollten, dass sie nicht mehr „leicht zu widerstehen" (Saghai, 2013, 489) oder „leicht und billig" zu vermeiden sind (Thaler/Sunstein, 2008, 6). Standardeinstellungen lassen beispielsweise die Wahlfreiheit unangetastet, können aber dennoch bedeutende Auswirkungen haben, insbesondere wenn es den Menschen an Informationen mangelt und die Wahlmöglichkeiten verwirrend sind (Willis, 2013). Unter solchen Bedingungen, so könnten Befürworter argumentieren, sollten diese Techniken nicht als Nudges gelten, da ein Nudge eine leichte Widerstandsfähigkeit impliziert. Diese konzeptionelle Antwort definiert Nudges einfach in einer Weise, die solche Techniken ausschließt (Heilmann, 2014; Saghai, 2013). Dennoch könnte man argumentieren, dass es unabhängig von der korrekten Definition von „Nudge" Grund gibt, dafür zu sorgen, dass Nudge-Interventionen leicht zu widerstehen sind. Die meisten Nudging-Techniken sind jedoch recht widerstandsfähig und wirken sich nur auf einen kleinen Prozentsatz der beeinflussten Personengruppe aus. Bei einem Nudge in einer Cafeteria wurde beispielsweise eine zehn-prozentige Steigerung des Apfelkonsums als Erfolg gewertet, auch wenn 90 Prozent der Cafeteria-Besucher dem Nudge widerstehen konnten oder ihn ignoriert haben. Deshalb erweist sich die „Effektivität" in gewisser Weise als zweischneidiges Schwert.

Argumente für Nudging setzen voraus, dass es wirksam ist, aber wenn man es zu wirksam macht, besteht Sorge über die Widerstandsfähigkeit. In Anbetracht der typischen Effektgrößen von Nudge-Maßnahmen ist es jedoch unwahrscheinlich, dass solche Bedenken hinsichtlich der Widerstandsfähigkeit auf die meisten Nudges zutreffen (Schmidt/Engelen, 2020, 4 f.).

5.3 Schränkt Nudging die Willensautonomie des Menschen ein?

Einige Bedenken beziehen sich auf die **Willensautonomie**, also auf die Vorstellung, dass die eigenen Handlungen die Präferenzen, Wünsche oder Ziele widerspiegeln sollten, die wirklich die eigenen sind. Kritiker argumentieren, dass wir durch Nudges nicht mehr „Herr“ über unsere Entscheidungen sind. Demnach seien Entscheidungen nicht mehr wirklich unsere eigenen, da sie nicht mehr unsere eigenen autonomen Wünsche widerspiegeln. Entscheidungsarchitekten ziehen an unseren Fäden und wenden Tricks an, um uns dazu zu bringen, das zu tun, was sie wollen (Hausman/Welch, 2010, 128). Wenn wir Nudges ausgesetzt sind, können wir also so beeinflusst werden, dass unsere Wünsche und Handlungen nicht mehr wirklich unsere eigenen sind.

Befürworter des Nudging fordern Gegner gerne dazu auf, die Situation, in welcher ein Nudge zum Einsatz kommt, einfach ohne diesen Nudge zu betrachten. Das Entfernen des Nudges führt jedoch häufig nicht dazu, dass die Menschen freiwillig autonomer werden (Nys/Engelen, 2017). Wenn beispielsweise eine Opt-Out-Standardeinstellung wieder in ein Opt-In umgewandelt wird oder die Äpfel wieder dorthin gelegt werden, wo sie waren, würden sowohl Heuristiken als auch viele irrelevante Aspekte in der Entscheidungsarchitektur der Menschen immer noch die Entscheidungen der Menschen beeinflussen. Absichtliches Nudging kann also zwar oft vermieden werden, die Entscheidungsarchitektur jedoch nicht (Schmidt/Engelen, 2020, 4). Das bedeutet, dass unsere Entscheidungen ständig beeinflusst werden, auch wenn hinter der Beeinflussung kein Entscheidungsarchitekt steckt, also niemand, der aktiv und absichtlich versucht, unsere Entscheidung in eine bestimmte Richtung zu lenken. So hat beispielsweise jedes Geschäft sein eigenes Design und seine eigene Reihenfolge der Produkte. Es ist unvermeidlich, dass einige Produkte zuerst vom Kunden gesehen werden und andere später und der Kunde das Produkt in den Einkaufwagen legt, welches er zuerst gesehen hat. Selbst wenn die Architektur und die letztendlichen Ergebnisse zufällig sind, werden wir bei unserer Entscheidungsfindung demnach immer durch externe Faktoren beeinflusst (Sunstein, 2015, 421). Der Verzicht auf Nudging würde also bedeuten, dass die Menschen den zufällig entworfenen Entscheidungsarchitekturen überlassen werden, ohne das klar ist, wie dieser Weg die Willensautonomie der Menschen respektieren oder gar fördern würde (Schmidt/Engelen, 2020, 4).

Andere Befürworter argumentieren hingegen, dass Nudging bei erfolgreicher Anwendung die Willensautonomie sogar eher fördern als untermauern würde (Engelen/Nys, 2019), indem Personen in Situationen, in denen sie zuvor anders gehandelt hätte, auf eine Weise beeinflusst werden, dass die durch den Nudge bewirkte Entscheidung vielmehr den eigenen Vorstellungen vom Guten entspricht (Mills, 2015, 503). Die Idee dahinter bezeichnen Befürworter als „Mittelpaternalismus" - Nudging sollte demnach nicht dazu verwendet werden, den Menschen vorzuschreiben, welche Ziele sie verfolgen sollen (das wäre „Zweckpaternalismus"), sondern stattdessen die Mittel verbessern, um den Menschen zu helfen, ihre angestrebten Ziele zu erreichen (Barton/Grüne-Yanoff, 2015, 346). Auf die von Gegnern hervorgebrachte Sorge, dass Entscheidungsarchitekten die Ziele der Menschen nicht verlässlich identifizieren können, wird in 5.6 eingegangen.

Die Grundlage des Gegenarguments der Kritiker ist jedoch, dass es falsch wäre, die Frage der Intentionalität zu ignorieren. Selbst wenn die Entscheidungsarchitektur unsere Entscheidungen unbeabsichtigt beeinflussen kann, ist das nicht dasselbe, wie absichtlich beeinflusst zu werden, um eine bestimmte Entscheidung zu treffen. Sie argumentieren außerdem, dass die Verantwortung für die Wahl und ihre Folgen ebenfalls berücksichtigt werden müsse (Hansen/Jespersen, 2013). Aus diesem Grund akzeptieren Kritiker Thaler und Sunsteins (2008) Definition von Nudge nicht vollständig als „any aspect of the choice architecture that alters people's behavior in a predictable way" (S. 6), sondern bevorzugen den Ansatz von Hausman und Welch (2010), die Nudging als „ways of influencing choice" (S. 126) definieren, da diese Definition Intentionalität berücksichtigt. Den Kritikern nach sei Intentionalität ein entscheidender Teil der Definition von Nudge, weshalb er nicht einfach ignoriert werden könne (Hansen/Jespersen, 2013, 7).

5.4 Verhalten sich Menschen so irrational, wie Verhaltenswissenschaftler es sagen?

Eine etwas andere Sorge betrifft unsere **rationale Handlungsfähigkeit**. Bei rationalem Handeln geht es nicht darum, welche Ziele wir verfolgen, sondern darum, wie wir Entscheidungen treffen. Einige Kritiker argumentieren, dass Nudges die Rationalität nicht respektieren oder sogar untergraben, da Nudges durch irrationale Prozesse wirken (Bovens, 2009; Conly, 2013, 30). Die Kritik liegt also darin begründet, dass selbst wenn Nudges die freie Entscheidung der Menschen respektieren und ihre Ziele und ihr Wohlergehen fördern, die Tatsache, dass sich Entscheidungsarchitekten die menschlichen Heuristiken und kognitiven Biases zunutze machen, impliziert, dass sie uns nicht wie rationale Menschen behandeln und uns dadurch bevormunden. Kritiker plädieren stattdessen dafür, dass Menschen ihre eigenen Entscheidungen treffen sollten und wie rationale Menschen behandelt werden sollten, z. B. durch Erziehung, Überzeugung und Information (Schmidt/Engelen, 2020, 5). Eine ähnliche Sorge wird von Frank Furedi (2011) geäußert, der befürchtet, dass Nudging den Menschen die „Fähigkeit" nehmen kann, falsche Entscheidungen zu treffen und ihre Verantwortung für ihre eigenen Entscheidungen untergräbt. Wenn dem Einzelnen die Verantwortung für seine Entscheidungen abgenommen wird, können sich seine praktischen Urteils- und Entscheidungsfähigkeiten nicht entwickeln, was wiederum seine moralische Unabhängigkeit untergräbt.

Befürworter des Nudging bringen diesen Bedenken erneut das Argument entgegen, dass irrationale Mechanismen in gewisser Weise unvermeidlich sind und es naiv wäre zu denken, die Auswirkungen irrationaler Einflüsse irgendwie überwinden oder vermeiden zu können. Die Beseitigung von Nudges wird also die Rationalität der Menschen nicht einfach herstellen (Engelen, 2019). Eine weitere Antwort auf die geäußerte Kritik besteht in der Aussage, dass Nudges von Befürwortern nicht immer automatisch als beste Lösung angesehen werden. Wenn also Strategien, welche die Rationalität der Menschen respektieren oder fördern, z. B. durch Informationen oder rationale Überzeugungen, tatsächlich funktionieren, sollten diese auch vorgezogen werden. In einigen Fällen können die kognitiven Fähigkeiten der Menschen sogar gefördert werden, anstatt sie einfach als gegeben hinzunehmen (Hertwig/Grüne-Yanoff, 2017). Nach Ansicht der Befürworter von Nudges sollten wir die Menschen jedoch generell so behandeln, wie sie sind. Wenn Menschen also weniger rational sind, als sie denken oder sich wünschen, sollten sie als Akteure respektiert werden und nicht wie vollkommen rationale Entscheidungsträger behandelt werden (Engelen, 2019; Schmidt, 2019, 516). Des Weiteren könnten die Befürworter von Nudging erwidern, dass die Kritiker Nudges häufig so charakterisieren, dass sie unbemerkt und ausschließlich durch die schnelle und automatische Entscheidungsfindung funktionieren (System 1). Viele Nudges stützen sich jedoch zumindest teilweise ebenfalls auf bewusste und langsame Entscheidungsprozesse (System 2). Andere Nudges stützen sich auf beide Prozesse (Schmidt/Engelen, 2020, 6). Hansen und Jespersen (2013, 14 f., 20 f.) unterscheiden zwischen „Typ-1-Nudges", die sich hauptsächlich auf „irrationale" Heuristiken und kognitive Verzerrungen stützen, und „Typ-2-Nudges", die zusätzlich auch an die langsameren System-2-Fähigkeiten appellieren. Beispiele für

Letzteres sind Alarmtöne für Sicherheitsgurte, Ampelkennzeichnungen für Nährstoffe auf Verpackungen und bunte Schritte in Richtung Recyclingtonne. Solche Nudges sind transparent und lenken die Aufmerksamkeit auf relevante Merkmale in der gewählten Umgebung.

Kritiker sind jedoch der Auffassung, dass Nudges das System 1 gegenüber dem System 2 bevorzugen und Menschen auf irrelevante Aspekte von Optionen lenken, anstatt auf diejenigen, die tatsächlich wichtig für die Entscheidung sind. Dieser Einwand stützt sich auf eine Auffassung von rationalem Handeln, die (lose) auf der Rational-Choice-Theorie basiert: Rationale Akteure haben Präferenzordnungen über Optionen, achten bewusst auf relevante Merkmale von Optionen, die ihre Präferenzordnungen verändern und berücksichtigen relevante Wahrscheinlichkeiten. Bei der Wahl einer Altersvorsorge wird sich ein rationaler Wähler also auf die finanziellen Details der verschiedenen Pläne konzentrieren. Nach dieser Auffassung ist die Rationalität in erster Linie im System 2 angesiedelt (Schmidt/Engelen, 2020, 6).

Dem kann entgegengebracht werden, dass verschiedene Heuristiken in Bezug auf die Person, die sie anwendet, durchaus rational sein können. In realen Kontexten lassen sich gute Ergebnisse, insbesondere unter kognitiven und zeitlichen Einschränkungen, oft besser durch schnelle und sparsame Heuristiken erzielen als durch langsame Überlegungen und Nutzenmaximierung. Bei Rationalität geht es nach dieser Auffassung um eine gute Abstimmung zwischen Entscheidungsverfahren, Person und Umfeld. In einem Umfeld, in sich darauf verlassen werden kann, dass jemand eine Voreinstellung vornimmt, die meinen Interessen dient, kann es zum Beispiel durchaus rational sein, sich auf eine Heuristik zu verlassen, um die Voreinstellungen beizubehalten. Das Argument lautet also, dass Nudging mit der Rationalität vereinbar sein kann, wenn es dazu beiträgt, eine bessere Abstimmung zwischen der Entscheidungsarchitektur, dem Agenten und dem Entscheidungsverfahren zu erreichen (Schmidt, 2019, 123). Dieses Argument wird noch stärker, wenn man bedenkt, wie viele unserer Umgebungen von privaten Unternehmen gestaltet werden, die eine Entscheidungsarchitektur verwenden, die nicht auf unsere Entscheidungsverfahren abgestimmt ist. Lebensmittelunternehmen beispielsweise nutzen unsere psychologischen Dispositionen systematisch aus, um uns zum Überessen und zu hohen Ausgaben zu verleiten. Die Korrektur solcher Umgebungen durch öffentliches Nudging, so die Argumentation, könnte eine bessere Übereinstimmung zwischen unseren Entscheidungsneigungen und unseren Wahlumgebungen erreichen. Nudging würde somit die rationale Handlungsfähigkeit stärken, anstatt sie zu untergraben (Schmidt, 2019, 130 f.).

5.5 Wo liegt die Grenze zur Manipulation?

Einige Kritiker behaupten, dass Nudges manipulativ seien, da sie Erwachsene zu infantilisieren scheinen (Hausman/Welch, 2010; Mills, 2015; Schmidt, Engelen, 2020; Wilkinson, 2013). Was aber ist Manipulation und was macht sie problematisch? Wilkinson (2013, 354) kommt zu dem Entschluss, dass Nudges manipulativ sein können, obwohl ihr Ziel darin besteht, dem Opfer oder der Gesellschaft zu nützen und obwohl sie per Definition mit der formalen Freiheit verbunden sind, sich dagegen zu entscheiden. In manchen Fällen können Nudges, so Wilkinson (2013, 354), manipulative Eingriffe in die Autonomie darstellen. Der Autor hat verschiedene Bedingungen dargelegt, anhand derer sich feststellen lässt, ob ein Nudge manipulativ ist. So wäre ein Nudge manipulativ, wenn die Methode die Entscheidung der Zielperson verfälschen würde. Ein Nudge wäre außerdem manipulativ, wenn der Entscheidungsarchitekt manipulative Absichten hätte. Wenn ein Nudge jedoch eine „Ausweichklausel" enthält, d. h., wenn der Entscheidungsarchitekt aufrichtig möchte, dass die Zielpersonen nicht in der angestoßenen Weise handeln, wenn der Nudge für sie nicht vorteilhaft ist, dann erfüllt er diese zuvor genannten notwendigen Bedingungen nicht. Ein Nudge kann außerdem manipulativ sein und gleichzeitig mit der Autonomie der Zielperson vereinbar, wenn die Zielperson dem Nudge zustimmt. Möglicherweise wäre keiner der von Thaler und Sunstein favorisierten Nudges manipulativ, vorausgesetzt, sie folgen konsequent ihrer eigenen Empfehlung für eine Ausweichklausel. Werbetreibende und Vermarkter, die Produkte verkaufen wollen, können jedoch durchaus manipulative Absichten haben und Nudges einsetzen, die den Entscheidungsprozess vor allem zu ihren Gunsten verzerren. Wenn die Zielpersonen diesen Nudges nicht zugestimmt haben, würden sie die Autonomie der Zielpersonen manipulieren und verletzen. Solche Nudges sind schwer zu rechtfertigen (Wilkinson, 2013, 354).

5.6 Verbessern Nudges das Leben der Menschen?

Eine andere Sorge bezieht sich weniger auf die Funktionsweise von Nudges, sondern auf die Ziele, die damit verfolgt werden. Thaler und Sunstein (2008) verteidigen den paternalistischen Aspekt damit, dass die Entscheidungsarchitekten versuchen, das Verhalten der Menschen zu beeinflussen, um ihr Leben „longer, healthier, and better" zu machen (S. 5). Dem Nudging liegt demnach zu Grunde, dass Menschen bessere Entscheidungen treffen, als sie es ohne den Nudge tun würden.

Die Sorge seitens Kritiker ist jedoch, dass Nudging Raum für übermäßigen Paternalismus und andere unerlaubte Ziele eröffnen könnte. Eine erste Sorge ist erkenntnistheoretischer Natur und stellt sich die Frage, wie Entscheidungsarchitekten wissen sollten, was im besten Interesse des Entscheidungsträgers sei (Schmidt/Engelen, 2020, 8). Selbst unter der Annahme, dass einige Nudges die Menschen dazu bringen könnten, gemäß ihren wahren Präferenzen zu handeln, würden sie dies nicht für alle Akteure tun, da Präferenzen in jeder ausreichend großen Population heterogen sind. Manche Menschen essen lieber ungesunde, aber schmackhafte Lebensmittel als gesunde, oder sie rauchen gerne, selbst wenn sie die damit verbundenen Risiken berücksichtigen (Barton/Grüne-Yanoff, 2015, 346). Aufgrund dieser Heterogenität sieht sich der libertäre Paternalist mit dem konfrontiert, was Nagatsu (2015) den „Einwand der Kohärenz" nennt, welcher besagt, dass Nudges einige Menschen zu einem Verhalten veranlassen können, welches nicht mit ihren eigenen wahren Präferenzen übereinstimmt. Eine generelle Schwierigkeit für Nudges besteht also darin, dass grundsätzlich jeder Nudge das Verhalten zumindest einiger Menschen gegen ihre wahren Präferenzen lenkt, selbst wenn er für eine Mehrheit der Bevölkerung wohlfahrtsfördernd ist. Eine zweite Sorge ist moralischer Natur und argumentiert, dass Menschen ihre Ziele und Werte nicht aufgezwungen werden sollten, vor allem nicht in Gesellschaften, in denen die Individuen sehr unterschiedliche Vorstellungen vom Guten haben (White, 2013).

Eine klassische Antwort auf diese Probleme besteht darin, dass immer eine Art von Entscheidungsarchitektur geschaffen werden muss und Nudges so gestaltet sind, dass die Entscheidungsfreiheit erhalten bleibt und sie leicht zu vermeiden und widerstehen sind (Saghai, 2013; Thaler/Sunstein 2008, 6). So können Menschen, für die ein Nudges mit den eigenen Präferenzen übereinstimmt, einfach mit dem Strom schwimmen während Menschen, die andere Präferenzen haben, sich dem Nudge leicht entziehen können. Dazu müssen jedoch zwei Bedingungen erfüllt sein. Zunächst muss die beeinflusste Person wissen, dass sie einem Nudge ausgesetzt ist, was ein ausreichendes Maß an Transparenz des Nudges voraussetzt, um einen Nudge vermeiden zu können. Die zweite Bedingung besteht Saghai (2013) nach darin, über die kognitiven Fähigkeiten zu verfügen, um sich einem Nudge mühelos widersetzen zu können. Schließlich werden selbst die Menschen, die über solche Fähigkeiten verfügen, einige kognitive Kosten aufwenden müssen, um dem Einfluss der Nudges zu entgehen (Barton/Grüne-Yanoff, 2015, 346 ff.).

Die vorgebrachten Argumente zeigen, dass die Einwände gegen das Nudging nicht belegen, dass der Nudge-Ansatz als Ganzes abgelehnt werden sollte. Gleichzeitig geben sie uns wichtige Hinweise für eine ethische Bewertung von Nudges im Einzelfall. Schmidt und Engelen (2020, 9 f.) sind der Meinung, dass es in der

Diskussion um die Ethik des Nudging wichtig sei zu bedenken, dass sich ethische Bedenken von Praxis zu Praxis und von Nudge zu Nudge radikal unterscheiden. Aus diesem Grund sind übermäßig verallgemeinernden Behauptungen aus beiden Lagern, wie „Nudging verletzt die Autonomie" versus „Nudging fördert die Autonomie" nur wenig zielführend. Die ethische Analyse sollte demnach von Fall zu Fall erfolgen. So unterscheidet sich die Verwendung von Vorgaben bei der Organspende drastisch von der Gestaltung von Urinalen. Nicht nur die angewandten Techniken und die ausgelösten Heuristiken sind unterschiedlich, sondern auch die Ziele und Einsätze weichen radikal voneinander ab – etwas, das jede vernünftige ethische Diskussion berücksichtigen muss. Ungeachtet einer stärkeren Fokussierung auf einzelne Maßnahmen bietet uns die bisherige ethische Debatte die Möglichkeit, die wichtigen moralischen Überlegungen zu strukturieren, die sich darauf auswirken, ob und wie bestimmte Nudge-Maßnahmen konzipiert und umgesetzt werden sollten (Schmidt/Engelen, 2020, 9 f.).

Nachdem die ersten drei Teil-Fragen der Haupt-Forschungsfrage in den Kapiteln 2 bis 5 weitestgehend behandelt worden sind, soll auf dieser Basis im nächsten Kapitel die vierte Teilfrage „Wie kann die Nudge-Theorie erfolgreich in der Praxis angewendet werden?" untersucht werden.

6 Nudges erfolgreich einsetzen

Die vorangegangenen Kapitel haben gezeigt, dass die Erkenntnisse aus der verhaltensökonomischen Forschung wertvolle Impulse für die Gestaltung von Verhaltensanreizen im privaten Sektor liefern. Nudge-Interventionen bergen ein enormes Potenzial, klassische Anreiz-Instrumente zu ergänzen und in ihrer Wirksamkeit zu unterstützen oder Lücken zu füllen, welche durch Maßnahmen wie z. B. Ver- und Gebote nicht gefüllt werden können. So können Nudges dem Wohl von Mitarbeitern und Unternehmen sowie Verbrauchern und Unternehmen gleichzeitig auf diverse Weisen dienen. Jedoch können Nudges ebenso gut von Unternehmen zu ihren Gunsten ausgenutzt werden und Verbrauchern langfristig schaden. Dass die gezielte Verhaltensbeeinflussung von Unternehmen nicht frei von Kritik bleibt und ethische Bedenken aufwirft, war zu erwarten. Das vorliegende Kapitel soll die bereits vorgestellten Inhalte abrunden, indem dargelegt wird, welche Aspekte für eine erfolgreiche Implementierung des Nudge-Ansatzes in Unternehmen berücksichtigt werden müssen. Um die Potenziale und den Erfolgsfaktor von Nudge-Maßnahmen insgesamt bewerten zu können, ist es in einem ersten Schritt grundlegend, den Forschungsstand zur Effektivität von Nudge-Interventionen zu betrachten. Anschließend werden im Rahmen der Handlungsempfehlungen Konzepte vorgestellt, welche Unternehmen im Umgang mit den in der Arbeit gewonnen Erkenntnissen bezüglich der Risiken von Nudges eine pragmatische Orientierung bieten.

C. Hoque, *Corporate Nudging*, BestMasters,
https://doi.org/10.1007/978-3-658-43728-2_6

6.1 Nudging – ein effektiver Ansatz?

Obwohl sie sich zunehmender Beliebtheit erfreuen, ist nur wenig über die Gesamtwirksamkeit von Nudge-Interventionen und die Bedingungen, unter denen sie Verhaltensänderungen fördern, bekannt. Bisherige Studien haben sich zumeist auf die Analyse einer einzelnen Nudge-Technik oder eines bestimmten Verhaltensbereichs beschränkt, sodass die generelle Wirksamkeit von Nudge-Interventionen bei der Verhaltensänderung nie erforscht wurde ebenso wenig wie systematische Unterschiede zwischen den einzelnen Nudge-Techniken und Verhaltensbereichen. Um diese Lücke zu schließen, haben Mertens et al. (2021) anhand einer Meta-Analyse die Wirksamkeit von unterschiedlichen Nudge-Interventionstechniken (siehe Tabelle 2.2) in verschiedenen Verhaltensbereichen, wie Gesundheit, Ernährung, Umwelt und Finanzen ausgewertet. Die von den Autoren durchgeführte Meta-Analyse fasst die Forschungsergebnisse aus mehr als einem Jahrzehnt zusammen. Wie die linke Spalte in Tabelle 2.2 zeigt, wurde zwischen den drei in 2.3.8 bereits beschriebenen Kategorien Entscheidungsinformation, Entscheidungsstruktur und Entscheidungshilfe unterschieden.

6.1.1 Warum Standardeinstellungen effektiver sind als Informationsbereitstellungen

Die Ergebnisse der Meta-Analyse zeigen, dass Nudge-Interventionen Verhaltensänderungen mit einer kleinen bis mittleren Effektgröße fördern (Mertens et al., 2021, 3), was mit traditionelleren Interventionsansätzen wie Aufklärungskampagnen oder finanziellen Anreizen vergleichbar ist (Maki/Burns/Ha/Rothman, 2016; Snyder/Hamilton/Mitchell/Kiwanuka-Tondo/Fleming-Milici/Proctor, 2004). Diese Ergebnisse stimmen weitgehend mit denen früherer Analysen überein (z. B. Benartzi/Beshears/Milkman/Sunstein/Thaler/Shankar/Tucker-Ray/Congdon/Galing, 2017). Auch wenn in den bisherigen Studien die Auswirkungen von Nudge-Interventionen häufig allein getestet wurden, bieten Nudges Möglichkeiten für hybride politische Maßnahmen, in denen Nudges als Ergänzung zu traditionelleren Ansätzen eingesetzt werden (Loewenstein/Chater, 2017, 26). Frühere Forschungsarbeiten haben beispielsweise gezeigt, dass die Wirkung ökologischer Maßnahmen wie Steuern oder finanzieller Anreize durch Nudge-Anreize verstärkt werden kann (Homonoff, 2018).

Die Meta-Analyse von Mertens et al. (2021, 7) ergab außerdem, dass es u. a. über verschiedene Techniken und Verhaltensbereiche hinweg erhebliche

Unterschiede in der Wirksamkeit von Nudges als Instrument zur Verhaltensänderung gab. Eines der Kernerkenntnisse war, dass über alle Verhaltensbereiche hinweg die Kategorie der Entscheidungsstruktur-Interventionen durchweg effektiver in der Verhaltensänderung sind als Entscheidungsinformations- oder Entscheidungsunterstützungs-Interventionen. Dieser relative Vorteil der strukturellen Entscheidungsarchitekturtechniken könnte auf die spezifischen Anforderungen an die Informationsverarbeitung zurückzuführen sein, die den verschiedenen Interventionstechniken zugrunde liegen. Interventionen zur Entscheidungsinformation und -unterstützung beruhen auf vergleichsweise aufwändigen Formen der Informationsverarbeitung, da die von ihnen bereitgestellten Informationen und Hilfen erst verstanden und im Hinblick auf persönliche Werte und/ oder Ziele bewertet werden müssen, um den Gesamtnutzen einer bestimmten Wahloption zu bestimmen. Im Gegensatz dazu erfordern Interventionen zur Entscheidungsstrukturierung häufig nicht diese Art der Informationsverarbeitung, sondern bieten einen allgemeinen Nutzenverstärker für bestimmte Wahloptionen, der eine kognitive Abkürzung zur Bestimmung der wünschenswertesten Option bietet (Mertens et al., 2021, 7). Dementsprechend wurden Entscheidungsinformationen und Entscheidungshilfen früher als Versuche beschrieben, bewusstere Entscheidungsprozesse zu erleichtern, während Interventionen zur Entscheidungsstruktur als Versuche bezeichnet wurden, automatischere Entscheidungsprozesse zu fördern (Sunstein, 2016b). Interventionen zur Entscheidungsinformation und -unterstützung können daher häufiger keine Verhaltensänderung bewirken und zeigen insgesamt geringere Effektstärken als Interventionen zur Entscheidungsstruktur, weil sie die kognitiven Grenzen der Menschen bei der Entscheidungsfindung häufiger überschreiten können, insbesondere in Situationen mit hoher kognitiver Belastung oder Zeitdruck (Mertens et al., 2021, 7).

Ein weiterer Faktor, der sich auf die Wirksamkeit von Nudge-Interventionen auswirken kann, lässt sich aus den eben genannten internen Wert- und Zielvorstellungen bei Entscheidungsinformations- und Entscheidungsunterstützung-Techniken ableiten – der moderierende Einfluss individueller Unterschiede. Nährwertkennzeichnungen, ein bekanntes Beispiel für Maßnahmen zur Entscheidungsinformation, werden nachweislich häufiger von Verbrauchern verwendet, die sich Gedanken über ihre Ernährung und ihre allgemeine Gesundheit machen, als von Verbrauchern, die diese Bedenken nicht haben (Campos/Doxey/ Hammond, 2011). Da sie nur auf bestimmte Bevölkerungsgruppen abzielen, können informations- und unterstützungsbasierte Maßnahmen zur Entscheidungsfindung bei einer Bewertung auf Bevölkerungsebene eine insgesamt geringere Effektgröße aufweisen als strukturbasierte Maßnahmen, die sich weniger auf individuelle Werte und Ziele stützen und daher eine insgesamt größere Wirkung auf die gesamte Bevölkerung haben können. Zusammenfassend lässt sich sagen, dass die höhere Wirksamkeit von Entscheidungsstrukturinterventionen möglicherweise durch eine Kombination der zwei Faktoren „geringe Anforderungen an die Informationsverarbeitung“ und „geringe Anfälligkeit für individuelle Unterschiede bei Werten und Zielen“ erklärt werden kann (Mertens et al., 2021, 7).

6.1.2 Warum Nudges im Bereich „Ernährung“ effektiver sind als im Bereich „Finanzen“

Interessant war außerdem die weitere Erkenntnis der Meta-Analyse von Mertens et al. (2021, 7), dass Nudge-Interventionen ebenfalls bedeutende Unterschiede in der Wirksamkeit in verschiedenen Verhaltensbereichen aufzeigten. Eine besonders starke Wirkung zeigte Nudging auf das Verhalten im Bereich der Ernährung. In dem Ernährungsbereich war die durchschnittliche Effektstärke bis zu 2,5-mal größer als in den Bereichen Gesundheit, Umwelt oder Finanzen. Ein Hauptmerkmal von Lebensmittelentscheidungen ist die Tatsache, dass sie nur wenige, wenn überhaupt, langfristige Konsequenzen für den Entscheidungsträger haben. Frühere Forschungen wie die von Marteau (1989) haben gezeigt, dass die potenziellen Auswirkungen einer Entscheidung die Wirksamkeit von Nudge-Interventionen abschwächen können. Das Framing von Gewinnen und Verlusten hatte demnach eine geringere Wirkung auf das Verhalten, wenn die Entscheidung eine hohe und direkte Auswirkung auf den Entscheidungsträger hatte, als wenn die Entscheidung wenig oder gar keine Auswirkungen hatte. Während die größten Effektstärken von Nudge-Interventionen im Lebensmittelbereich festgestellt worden sind, konnten Mertens et al. (2021, 7) insgesamt die kleinsten Effektstärken im Finanzbereich feststellen, einem Bereich, der überwiegend Entscheidungen mit hohen Auswirkungen auf den Entscheidungsträger darstellt. Diese systematische Variation der Effektstärken über die verschiedenen Verhaltensbereiche hinweg deutet darauf hin, dass Menschen bei Entscheidungen mit erheblichen Auswirkungen auf ihr Leben weniger anfällig für den Einfluss automatischer Voreingenommenheit und Heuristiken sind, als wenn sie Entscheidungen mit vergleichsweise geringen Auswirkungen treffen (Mertens et al., 2021, 7).

Ein weiteres Merkmal von Lebensmittelentscheidungen, welches die hohe Wirksamkeit von Interventionen im Bereich der Entscheidungsarchitektur bei Lebensmitteln erklären könnte, ist die Tatsache, dass sie häufig durch Gewohnheiten gesteuert werden. Gewohnheiten werden gemeinhin als hochgradig automatisierte Verhaltensreaktionen auf Hinweise in der Wahlumgebung definiert und unterscheiden sich von anderen Verhaltensweisen durch einen besonders starken Zusammenhang zwischen Verhalten einerseits und Wahlumgebung andererseits (Verplanken/Wood, 2006; Wood/Rünger, 2016). Interventionen, die auf die Wahlumgebung abzielen, können somit potenziell die Auslöser für gewohnheitsmäßige, unerwünschte Verhaltensweisen verändern. So haben frühere Untersuchungen gezeigt, dass Menschen dazu neigen, ihren Lebensmittelkonsum an die Portionsgröße anzupassen, was bedeutet, dass sie mehr essen, wenn sie große Portionen vorgesetzt bekommen und weniger, wenn sie kleine Portionen vorgesetzt bekommen (Zlatevska/Dubelaar/Holden, 2014, 140 ff.). Hier fungiert die Portionsgröße als ein umweltbedingter Hinweis, der die Verhaltensreaktion auf das Essen auslöst und steuert. Interventionen in der Wahlarchitektur, die auf diesen umweltbedingten Hinweis abzielen, z. B. durch Änderung der Standardgröße einer Lebensmittelportion, können somit Einfluss auf die Menge der verzehrten Lebensmittel nehmen, da sie sich die hochgradig automatisierte Verbindung zwischen Portionsgröße und Lebensmittelkonsum zunutze machen. Die Übereinstimmung zwischen den Faktoren, die gewohnheitsmäßige Verhaltensweisen auslösen und den Faktoren, auf die Nudge-Interventionen abzielen, könnte nicht nur erklären, warum die Interventionen bei der Änderung der Lebensmittelauswahl so wirksam waren, sondern allgemein darauf hinweisen, dass Nudge-Interventionen ein wirksames Instrument zur Änderung gewohnheitsmäßiger Verhaltensweisen sind (Mertens et al., 2021, 8).

6.1.3 Implikationen für die Unternehmenspraxis

Wie die in Kapitel 3 und 4 erörterten Beispiele und Studien bereits gezeigt haben und durch die hier vorgestellten Studienergebnisse bestätigt wurde, stellt die Nudge-Theorie einen vielseitigen Interventionsansatz dar, der sich als wirksames Instrument zur Verhaltensänderung in vielen Kontexten eignet. Auch wenn die beschriebenen Erkenntnisse primär darauf abzielten, Leitlinien für eine effektive Politikgestaltung zu liefern, lassen sich ebenfalls wertvolle Erkenntnisse für ein erfolgreiches Corporate Nudging ableiten.

Die Erkenntnis, dass Entscheidungsstruktur-Interventionen grundsätzlich effektiver sind, als Entscheidungsinformations- oder -unterstützungs-Interventionen, was u. a. mit individuellen Unterschieden begründet werden kann, bietet Managern eine Basis, um abhängig von dem Ziel einer Nudge-Intervention und der Personengruppe, auf die der Nudge wirken soll, eine fundierte Nudge-Auswahl treffen zu können. So müssten Interventionen zur Entscheidungsinformation und -unterstützung eine Bewertung und Analyse der Werte und Ziele der Mitarbeiter oder Kunden-Zielgruppe vorausgehen. Wenn eine Segmentierung der Nudge-Zielgruppe nach individuellen Unterschieden jedoch nicht möglich ist, sollte eher der Entscheidungsstrukturansatz gewählt werden. Besteht beispielsweise das Ziel einer Nudge-Intervention darin, eine möglichst große Wirkung bei einer größtmöglichen Anzahl an Personen aus einer heterogenen Personengruppe zu erzielen, sollte vorzugsweise auf Entscheidungsstruktur-Interventionen, wie Standardeinstellungen, zurückgegriffen werden. So würden sich für Nudge-Interventionen, die auf alle Mitarbeiter eines Unternehmens über alle Bereiche und Abteilungen hinweg wirken sollen (z. B. insgesamt eine Steigerung der Effizienz in Besprechungen), strukturelle Nudges eher eignen als Entscheidungsinformations- oder -unterstützungs-Interventionen. Soll mit einem Nudge hingegen beispielsweise eine etwas kleinere, relativ homogene Kunden-Zielgruppe beeinflusst werden (z. B. umweltbewusste Käufer), können Nudge-Techniken wie dem Sichtbarmachen relevanter Informationen (z. B. umweltfreundliches Verpackungsmaterial) bereits eine hilfreiche Wahl sein.

Die Ergebnisse zu den Unterschieden der Wirksamkeit abhängig von dem adressierten Verhaltensbereich zeigen, warum gesundheitsfördernde Maßnahmen, wie Google sie bereits einsetzt (siehe 3.2.10), so erfolgreich sind. So kann eine Änderung der Lebensmittel-Reihenfolge und eine vereinfachte Zugänglichkeit von Wasser gegenüber Softdrinks in der Kantine die Mitarbeitergesundheit recht einfach positiv beeinflussen. Neue Standards wie veränderte Tellergrößen oder Getränkebecher zeigen womöglich die größte Wirkung, da diese die Entscheidungsstruktur verändern. Bei Finanzthemen mit größerer langfristiger Auswirkung sollte vermutlich besser auf Nudge-Techniken aus der stärksten Kategorie zurückgegriffen werden und so eine Kombination aus „weniger wirksamem Verhaltensbereich“ und „besonders wirksamer Nudge-Intervention“ geschaffen werden, um eine möglichst hohe Wirkung zu erzielen. Wie das in 4.1.1 vorgestellte „Save more tomorrow“-Programm zeigte, können Veränderungen in den Standardeinstellungen im Finanzbereich eine erhebliche Wirkung erzielen.

Eine weitere für Unternehmen wertvolle Erkenntnis betrifft den Aspekt der Gewohnheiten, bei welchen sich Nudge-Interventionen besonders gut eignen. Da die meisten Menschen den Großteil ihrer Zeit unter der Woche bei der Arbeit verbringen, besteht der Arbeitsalltag aus unzähligen automatisierten Entscheidungen und Prozessen. Sei es der Kaffee nach dem Mittagessen, das Öffnen der Mails am Morgen, der Plausch mit den Arbeitskollegen nach dem Wochenende, der Griff in die Süßigkeiten-Box oder die Nutzung bestimmter Softwares. Eine Veränderung der Wahlumgebung kann somit eine sehr effektive Maßnahme sein, um solche Gewohnheiten zum Vorteil der Mitarbeiter und des Unternehmens zu verändern.

So kann beispielsweise über eine gezielt designte Raumarchitektur der Wissensaustausch unter Kollegen aus unterschiedlichen Abteilungen gefördert werden, was insgesamt der Innovationskraft der Mitarbeiter zugutekommt (siehe 3.2.5). Die Süßigkeiten-Box könnte durch eine gesündere Alternative wie Nüsse und Obst ausgetauscht werden und digitale Warn-Hinweise im Mail-Programm können Manager daran erinnern, Mitarbeitern außerhalb ihrer Arbeitszeit keine Mails zu schicken und somit im Einklang mit der Unternehmenskultur zu handeln (siehe 3.2.7).

6.2 Handlungsempfehlungen für Unternehmen

Die im Folgenden beschriebenen Handlungsempfehlungen sollen Unternehmen einen Rahmen bieten, an dem sie sich orientieren können, um die Nudge-Theorie möglichst reflektiert und erfolgsversprechend in ihrer Organisation umsetzen zu können. Insbesondere bieten sie Vorschläge, um mit den in dieser Arbeit identifizierten Risiken umzugehen. Die Risiken, die sich aus der Analyse der vorliegenden Arbeit ergeben, betreffen insbesondere zwei unterschiedliche Ebenen des Nudging: Wie Kapitel 3 und 4 gezeigt haben, bestehen zum einen Risiken in Bezug auf unerwünschte Effekte, die als Konsequenz der Implementierung von Nudges auftreten können. Zum anderen bestehen, wie in Kapitel 5 veranschaulicht, ebenfalls ethische Risiken und Bedenken bei der Anwendung von Nudges. Aus diesem Grund sind die Handlungsempfehlungen thematisch gemäß dieser zwei Ebenen untergliedert.

6.2.1 Empfehlung zum Umgang mit dem Risiko unerwünschter Effekte

Einige Studien haben gezeigt, dass Nudges u. a. sogenannte Bumerang-Effekte bewirken können. So wurde in einer Studie zum Einfluss sozialer Normen auf das Energiesparverhalten von Haushalten festgestellt, dass der Nudge nur bei Haushalten, die überdurchschnittlich viel Energie verbrauchten, den gewünschten Effekt erzielten. Haushalte, die hingegen zuvor einen niedrigen Verbrauch hatten, hatten durch den sozialen Vergleich möglicherweise keinen Anreiz mehr, noch mehr zu sparen oder haben in der Konsequenz sogar mehr verbraucht, nachdem sie erfahren haben, dass sie weniger verbrauchen als ihre Nachbarschaft (siehe 4.1.2). Auch die Ergebnisse der vorgestellten Studie, welche Senkungen der Standardeinstellungen von Bürothermostaten nutzen wollte, um den Energieverbrauch im Gebäude zu reduzieren, haben gezeigt, dass der gewünschte Effekt nur erzielt wird, wenn die Senkung nicht zu hoch (siehe 3.2.6). Die neue Standardeinstellung hat somit nur einen sehr begrenzten Spielraum, um erfolgreich zu sein. Soziale Normen, die Mitarbeiter im Rahmen eines 401(k) Plans zum Sparen anregen sollten, erzielten ebenfalls nicht die gewünschten Effekte, sondern sogar eher gegenteilige (siehe 4.1.1). Diese Beispiele sind nur einige, die zeigen, dass es wichtig ist, die Auswirkungen einer Intervention auf einer ganzheitlichen Verhaltensebene zu verstehen. Um sich des Gesamtergebnisses einer Intervention sicher sein zu können, müssen also auch die weiterreichenden ganzheitlichen Auswirkungen von Nudges berücksichtigt werden.

Zur Betrachtung ganzheitlicher Effekte schlagen Hollingworth und Barker (2016, 33 f.) vier Konzepte vor, welche positive, negative oder neutralisierende Auswirkungen eines Nudge beschreiben. Der erste Effekt wird als **Spillover-Effekt** bezeichnet und bezieht sich auf die Möglichkeit, dass die Anregung einer Verhaltensänderung in einem Bereich auch verwandte Verhaltensweisen verändern könnte. Wenn Personen zum Beispiel mehr Sport treiben, kann dies gleichzeitig zu einem gesünderen Essverhalten anregen. Genauso könnte die Ermutigung von Hotelgästen, ihre Handtücher wiederzuverwenden, dazu führen, dass diese auch das Licht ausschalten (Baca-Motes/Brown/Gneezy/Keenan/Nelson, 2013). Der zweite Effekt – der **Veränderungseffekt** – befasst sich mit dem Einfluss eines Nudges an einer bestimmten Stelle auf eine Verhaltensänderung an einer anderen Stelle. So haben Schilder gegen Fahrraddiebstahl, die über einem Fahrradständer an der Universität Newcastle angebracht wurden, zu einem Rückgang der Fahrraddiebstähle um 62 Prozent im Vergleich zum Vorjahr an diesem Standort geführt, während bei anderen Fahrradständern auf dem Campus ohne Schilder die Diebstähle um 65 Prozent stiegen (Nettle/Nott/Bateson, 2012). Der dritte Effekt namens **Lizenzierungseffekt** zieht in Betracht, dass ein erfolgreich positiv angeregtes Verhalten am Morgen dazu führen kann, dass Menschen sich am Nachmittag die „Lizenz" geben können, etwas weniger „Gutes" zu tun. So kann ein morgendliches Training im Fitnessstudio zum Beispiel bewirken, dass man sich die Lizenz für ein ungesundes Mittagessen holt. Zuletzt besagt der **kompensatorische** Effekt, dass wenn unser Verhalten weniger vorbildlich war, wir eventuell versuchen, dieses Verhalten durch etwas Sinnvolles zu kompensieren. Zum Beispiel könnten wir nach einer Reihe von Langstreckenflügen mit dem Fahrrad zur Arbeit pendeln. Durch die Betrachtung des gesamten Verhaltens über Zeit und Kontext hinweg kann demnach sichergestellt werden, dass alle Maßnahmen zur Verhaltensänderung genau bewertet und ihre tatsächlichen Auswirkungen gemessen werden können (Hollingworth/Barker, 2016, 33 f.).

Die vier Konzepte Spillover, Veränderung, Lizensierung und Kompensation nach Hollingworth und Barker (2016) bieten Nudging-Verantwortlichen in Unternehmen somit einen guten Orientierungsrahmen, um sich über mögliche Effekte von Nudges strukturiert Gedanken zu machen, um diese in ihrer Entscheidung dann berücksichtigen zu können.

6.2.2 Das FORGOOD-Rahmenwerk: Leitfaden für den Umgang mit ethischen Risiken

Wie die Beispiele in Kapitel 3 und 4 gezeigt haben, nutzen zahlreiche Unternehmen auf der ganzen Welt verhaltenswissenschaftliche Erkenntnisse, um u. a. ihre Mitarbeiter oder Verbraucher zu besseren Entscheidungen zu bewegen, ohne dabei ihre Wahlfreiheit einzuschränken. Jedoch werden Nudges von Unternehmen ebenfalls auf Kosten der Verbraucher ausgenutzt, um ihre Gewinne zu maximieren, wie die Beispiele in 4.2 hervorgehoben haben. Dieses sogenannte Rent-Seeking-Nudging entspricht demnach nicht den allgemeinen Grundsätzen eines ethischen Nudging, wie Reisch (2020) es versteht. Seiner Auffassung nach müssen Nudges einfach und ohne großen Aufwand zu umgehen sein, die Wahlfreiheit wahren sowie das Wohlbefinden des Individuums als oberstes Ziel haben. Bei dieser negativen Form des Nudging handelt es sich vor allem um Strategien, die Verbraucher zu Käufen oder Abonnements von Dienstleistungen motivieren, die sie eigentlich nicht wollen (Reisch, 2020, 87 ff.). Diese Form des „dark Nudging" sowie die grundsätzlichen Eigenschaften von Nudges haben, wie in Kapitel 5 dargestellt, eine umfangreiche Debatte über die Ethik des Nudging entfacht (z. B. Hausman/Welch, 2010; Grüne-Yanoff, 2012). Die Diskussion hat gezeigt, dass unterschiedliche Nudges unterschiedliche ethische Überlegungen erfordern und dass eine differenzierte, fallweise Bewertung der Ethik des Nudging erforderlich ist. Das von Lades und Delaney (2020) entwickelte FORGOOD-Rahmenwerk soll es Nudge-Praktikern erleichtern, über die Ethik des Nudging nachzudenken. Das Rahmenwerk wurde zwar in erster Linie für politische Entscheidungsträger entwickelt, eignet sich aber ebenso hervorragend für private Unternehmen, welche die Nudge-Theorie für das Gute einsetzen wollen, da es die wichtigsten Faktoren für ethische Urteile über Nudging zusammenfasst. Das Rahmenwerk besteht aus sieben ethischen Kerndimensionen, die den Autoren nach von Nudge-Praktikern berücksichtigt werden sollten, wenn sie verhaltensorientierte Maßnahmen entwerfen und umsetzen: Fairness, Offenheit, Respekt, Ziele, Meinungen, Optionen und Delegation. Freiwillige ethische Überlegungen sollen so auf systemische Art und Weise gefördert und ein unbeabsichtigter

Missbrauch der Nudge-Theorie in der Praxis reduziert werden. Im Folgenden werden die sieben Dimensionen des FORGOOD-Rahmenwerks, wie in Tabelle 6.1 zusammengefasst, vorgestellt.

Tabelle 6.1 Zusammenfassung des FORGOOD-Ethik-Rahmenwerks für Nudging

Dimension	Guiding question
Fairness	Does the behavioural policy have undesired redistributive effects?
Openness	Is the behavioural policy open or hidden and manipulative?
Respect	Does the policy respect people's autonomy, dignity, freedom of choice and privacy?
Goals	Does the behavioural policy serve good and legitimate goals?
Opinions	Do people accept the means and the ends of the behavioural policy?
Options	Do better policies exist and are they warranted?
Delegation	Do the policy-makers have the right and the ability to nudge using the power delegated to them?

Quelle: Lades/Delaney, 2020, 78

Fairness: Ethische Nudges haben das Ziel, Menschen dabei zu helfen, bessere Entscheidungen zu treffen. Jedoch kann es auch vorkommen, dass sich Nudges auf verschiedene Personen unterschiedlich auswirken (Camerer/Issacharoff/Loewenstein/O'Donoghue/Rabin, 2003). Da die Menschen über unterschiedliche Ressourcen verfügen und oft unterschiedliche Präferenzen haben, kann ein bestimmter Nudge für einige von Vorteil sein, für andere jedoch nicht. So sollten bei der Auswahl von Nudges ebenfalls die unterschiedlichen Ressourcen berücksichtigt werden, die den Menschen zur Verfügung stehen. Unter dem Gesichtspunkt der Fairness könnte ein Nudge, der unterprivilegierten Personen hilft, unnötige Gebühren zu vermeiden, Vorrang vor einem Nudge haben, der wohlhabenden Personen hilft, effektiver zu investieren. Nudges wie Standardregeln könnten außerdem zu Bedenken hinsichtlich der Fairness führen, wenn die Präferenzen in der Zielgruppe heterogen sind. So sparen manche Menschen beispielsweise lieber viel für den Ruhestand, während andere es vorziehen, in der Gegenwart mehr auszugeben. Eine automatische Einschreibung in Pensionsfonds könnte einige Menschen also dazu bringen, sich entgegen ihren Präferenzen und besten Interessen zu verhalten. Insgesamt gilt es für Nudge-Praktiker zu prüfen, ob die Maßnahme die Wohlfahrt insgesamt verändert, indem sie auch mögliche Umverteilungseffekte mitberücksichtigen (Lades/Delaney, 2020, 78 f.).

Offenheit: Die Dimension der Offenheit betrifft die Transparenz von Nudge-Interventionen, da häufig argumentiert wird, dass Nudges schwer zu erkennen und somit manipulativ seien (Hansen/Jespersen, 2013; Barton/Grüne-Yanoff, 2015; Nys/Engelen, 2017). Aus diesem Grund sollten Entscheidungsarchitekten Nudges und ihre erwarteten Auswirkungen auf das individuelle Verhalten und auf andere relevante Ergebnisse bestenfalls offen kommunizieren (Lades/Delaney, 2020, 79). So hätten Mitarbeiter im Unternehmenskontext beispielsweise die Möglichkeit, Nudge-Interventionen zu hinterfragen und zu kritisieren. Als ersten Test, um festzustellen, ob ein Nudge transparent ist oder nicht, schlagen Lades und Delaney (2020, 79 f.) eine Unterscheidung zwischen Typ-1-Nudges und Typ-2-Nudges vor. Letztere sind fast per Definition offen. Über die Offenheit von Typ-1-Nudges müsse jedoch mehr nachgedacht werden. Grundsätzlich sollte es für die Mitarbeiter und Verbraucher, die einem bestimmten Nudge ausgesetzt sind, möglich sein, diesen Nudge sowie seinen Einfluss und seine Auswirkungen zu erkennen. (Lades/Delaney, 2020, 79 f.).

Respekt: Um ethisch akzeptabel zu sein, müssen verhaltensorientierte Maßnahmen die Menschen und insbesondere ihre Autonomie, ihre Würde, ihre Entscheidungsfreiheit und ihre Privatsphäre respektieren. Auch hier kann argumentiert werden, dass diese Aspekte bei Typ-1-Nudges relevanter sind als bei Typ-2-Nudges, welche von Natur aus respektvoll sind (Kahneman, 2011). Der Respekt der Autonomie bedeutet, dass Nudges Erwachsene nicht wie Kinder behandeln sollten, sondern wie eigenständige und handlungsfähige Wesen (Hausman/Welch, 2010; White, 2013; Nys/Engelen, 2017). Um die Würde der Menschen zu respektieren, dürfen Entscheidungsarchitekten hingegen die Fähigkeit der Menschen zur Rationalität und zum Handeln nicht vernachlässigen (Hausman/Welch, 2010; Grüne-Yanoff, 2012). Die Achtung der Entscheidungsfreiheit ist ein weiteres zentrales Element der Definition von Nudges (Thaler/Sunstein, 2008). Einige Nudges (häufig Typ-2-Nudges) sind jedoch leichter zu widerstehen als andere. Selbst wenn diese Nudges offen und transparent sind, nehmen Personen, die wenig Zeit haben, den Einfluss der Nudges möglicherweise nicht wahr, was es schwierig macht, ihnen zu widerstehen. So können beispielsweise Standardeinstellungen dazu führen, dass vielbeschäftigte und nur begrenzt rationale Personen glauben, sie hätten keine Wahl. Die Wahlfreiheit dieser Personen ist in dem Maße eingeschränkt, wie sie sich der Wahlmöglichkeit nicht bewusst sind. Selbst wenn die Wahlfreiheit in der Theorie gegeben ist, ist sie in der Praxis möglicherweise nicht ohne weiteres zu erreichen. Bei der Bewertung der ethischen Akzeptanz von Nudges sollten Nudge-Praktiker also berücksichtigen, ob es für die Zielgruppe des Nudges wirklich einfach ist, sich dem Einfluss des Nudge zu widersetzen (Lades/Delaney, 2020, 81 ff.).

Ziele: Ein wichtiges Merkmal verhaltensorientierter Maßnahmen aus ethischer Sicht ist, ob sie guten Zielen dienen (Clavien, 2018). Nach dem Kriterium der Verbesserung des Lebens „nach eigenem Ermessen" verändern Nudges das Verhalten der Menschen in einer Weise, die von den Menschen genehmigt wird und daher ethisch legitim ist. Wie in 5.6 bereits erwähnt, haben die Entscheidungsarchitekten jedoch nicht immer eine genaue Vorstellung davon, was die Menschen gutheißen (Bovens, 2009; Hausman/Welch, 2010; Grüne-Yanoff, 2012). Ein Bewusstsein für diese Schwierigkeiten und für die Tatsache, dass Entscheidungsarchitekten bei der Ermittlung dessen, was das Leben der Menschen verbessert, möglicherweise nicht ausreichend informiert sind, kann ihnen dabei helfen, Maßnahmen sorgfältiger und ethischer zu gestalten. Es ist somit wichtig, explizit zu prüfen, ob die Nudges die Menschen wirklich besserstellen. Jedoch existieren auch, wie in 4.2 dargestellt, Verhaltensinterventionen, die Ziele anstreben, die ethisch nicht vertretbar sind und häufig als Manipulation bezeichnet werden. Somit müssen Nudge-Praktiker eine gute Vorstellung davon haben, was ihre wahren Ziele sind. Außerdem sollten sie nachweisen können, dass diese Ziele das Wohlergehen der Zielgruppe verbessern und nicht verringern. Praktiker sollten ehrliche Kosten-Nutzen-Analysen durchführen und dabei die Auswirkungen auf das Wohlergehen aller Akteure berücksichtigen, die von der Verhaltensintervention potenziell beeinflusst werden (Lades/Delaney, 2020, 83 f.).

Meinungen: Verschiedene Menschen haben unterschiedliche Meinungen über die ethische Zulässigkeit von Nudges. Daher ist es unmöglich, einen Nudge zu entwerfen, der von allen als zulässig akzeptiert wird. Entscheidungsarchitekten sollten abwägen, inwieweit Meinungsverschiedenheiten erträglich sind und das Ausmaß der Zustimmung bzw. Ablehnung messen. Eine starke Rechtfertigung für einen Nudge liegt demnach vor, wenn sich Entscheidungsarchitekten und eine große Mehrheit der Entscheidungsträger sowohl über die Ziele als auch über Mittel des Nudges einig sind. Ein systematischerer Weg zur Ermittlung der Meinung der Betroffenen besteht in der Durchführung von Umfragen, in denen die Menschen direkt gefragt werden, ob sie die Umsetzung bestimmter Nudges akzeptieren würden (Lades/Delaney, 2020, 84 f.). Insgesamt konnte bereits festgestellt werden, dass Nudges, die kognitive Entscheidungsprozesse aktivieren (Typ-2-Nudges), positiver bewertet werden als Nudges, die die Notwendigkeit einer aktiven Entscheidungsfindung verringern (Typ-1-Nudges). Verdeckte Nudges sind somit weniger akzeptabel als offene Nudges (Felsen/Castelo/Reiner, 2013).

Optionen: Es ist wichtig zu erkennen, dass Nudges eine von mehreren Maßnahme-Optionen sind. Manchmal sind klassische Instrumente wie Verbote,

Gebote oder Anreize geeigneter, um das Verhalten wirksam zu ändern und manchmal eignen sich Aufklärungsmaßnahmen oder Informationskampagnen besser. Nichts zu tun und die Gestaltung der Entscheidungsarchitektur den Märkten und spontanen Ordnungen zu überlassen, ist ebenfalls oft eine erwägenswerte Option. Ein ethisches Argument kann gegen Nudging vorgebracht werden, wenn es die Aufmerksamkeit von besseren Entscheidungen ablenkt. In vielen Situationen ist ein Mix aus verschiedenen Maßnahmen somit wahrscheinlich die beste Strategie, sodass Nudges andere Interventionen sinnvoll ergänzen können. So werden beispielsweise einige der drängendsten Probleme wie der Klimawandel nicht allein durch Nudging gelöst werden können. Durch die Berücksichtigung dieser verschiedenen Auswirkungen kann eine Kosten-Nutzen-Analyse aufzeigen, ob der Nudge kosteneffektiver ist als alternative Maßnahmen (Lades/Delaney, 2020, 85 f.).

Delegation: Während sich ein großer Teil des bisherigen Rahmens auf die Ethik der Nudges selbst konzentrierte, betrachtet die siebte und letzte Dimension die ethischen Aspekte der Beziehung zwischen Entscheidungsarchitekten und Entscheidungsträgern. Entscheidungsarchitekten müssen sich daher fragen, ob die Übertragung der Nudge-Befugnis auf sie selbst legitim war, ob sie selbst kompetent genug sind, um die Nudges wirksam und ethisch korrekt anzuwenden und ob möglicherweise Interessenskonflikte bestehen (Clavien, 2018). Entscheidungsarchitekten sind schließlich auch Menschen und unterliegen ebenfalls kognitiven Verzerrungen. So kann eine begrenzte Willenskraft beispielsweise dazu führen, dass der Entscheidungsarchitekt versucht ist, Maßnahmen zu ergreifen, die kurzfristig vorteilhaft, langfristig aber problematisch sind. Auch die Gestaltung und Bewertung verschiedener Nudging-Techniken kann Fachwissen erfordern, welches über die Kapazitäten des Entscheidungsarchitekten hinausgeht, weshalb ein Umgang mit diesen Risiken diskutiert werden sollte (Lades/Delaney, 2020, 86 ff.).

Zusammenfassend lässt sich sagen, dass bei dem Einsatz von ethisch legitimierbaren Nudges im Vorfeld eine Reihe von Aspekten berücksichtigt werden sollte. So sollten Nudges fair gestaltet sein und offen kommuniziert werden, um Manipulationen zu vermeiden. Außerdem sollten sie die Autonomie, Würde und Wahlfreiheit der Menschen respektieren und das Ziel verfolgen, die Menschen und Gesellschaft in Übereinstimmung mit ihren eigenen Zielen besser zu stellen. Überdies sollten Nudges keine besser geeigneten Maßnahmen ersetzen, sondern andere wirksame Mittel vielmehr ergänzen. Zuletzt sollte der Entscheidungsarchitekt auch die Legitimation und Kompetenz besitzen, Nudge-Maßnahmen zu implementieren. Lades und Delaney (2020) fassen in ihrem Rahmenwerk die wesentlichsten Aspekte des ethischen Nudging übersichtlich zusammen. Dennoch soll an dieser Stelle kurz darauf hingewiesen werden, dass auch die Begründer

der Nudge-Theorie Leitlinien für ein ethisches Nudging entwickelt haben (z. B. Sunstein/Reisch, 2019; Thaler, 2015). So schlägt Thaler (2015) in seinem Ansatz vier Grundsätze vor, um Nudges ethisch einzusetzen: Zum einen sollten Nudges transparent und niemals irreführend sein. Zweitens sollte eine Entscheidung gegen einen Nudge nur mit geringem Aufwand verbunden sein. Drittens sollten die anfänglichen Handlungsalternativen weiterhin verfügbar bleiben und zuletzt sollte das geförderte Verhalten das Wohlergeben der Person und Allgemeinheit verbessern.

Die in 6.2 vorgestellten Konzepte bieten Unternehmen handlungsorientierte Leitfäden, um sich sowohl mit möglichen unerwünschten Auswirkungen sowie den ethischen Dimensionen einzelner Nudges reflektiert auseinanderzusetzen und Nudges somit möglichst erfolgsversprechend in ihrem Unternehmen einzusetzen. So kann wesentlichen Risiken, die mit dem Einsatz von Nudges verbunden sind, gezielt entgegengewirkt werden und die Wahrscheinlichkeit negativer Presse verringert werden. Nachdem also der vierte und letzte Teil der Forschungsfrage untersucht wurde, soll im abschließenden Kapitel ein zusammenfassendes Fazit zur Beantwortung der Haupt-Forschungsfrage gezogen sowie ein kurzer Ausblick gegeben werden.

Fazit 7

Ziel der vorliegenden Masterarbeit war es, die Forschungsfrage „Inwiefern können private Unternehmen von den Erkenntnissen der Verhaltensökonomie profitieren und Nudges unter Berücksichtigung von möglichen (ethischen) Risiken erfolgreich in der Praxis anwenden?“ anhand einer qualitativen Literaturanalyse zu untersuchen. Zur Beantwortung der Frage wurden zu Beginn die wesentlichen Konzepte und Erkenntnisse aus der verhaltensökonomischen Forschung erläutert. Vor diesem theoretischen Hintergrund wurden im Anschluss Praxisbeispiele sowie Anwendungsmöglichkeiten des Nudge-Ansatzes im privaten Sektor mit Fokus auf mögliche Chancen und Risiken aufgezeigt und analysiert. Eine anschließende Diskussion des Nudge-Ansatzes aus ethischer Perspektive hatte zum Ziel, die normativen Bedenken und Risiken, welche Unternehmen bei dem Einsatz von Nudges berücksichtigen sollten, aufzudecken. Um zum Abschluss eine fundierte Einschätzung der Potenziale, welche der Nudge-Ansatz für Unternehmen bietet, vornehmen zu können, wurde der Forschungsstand zur Effektivität von Nudge-Maßnahmen untersucht. Abschließende Handlungsempfehlungen zum Umgang mit den in der Arbeit identifizierten Risiken sollen Unternehmen schließlich den erfolgreichen Einsatz von Nudges erleichtern.

7.1 Forschungsergebnisse

Die Untersuchung des Nudging von Mitarbeitern hat ergeben, dass das Nudge-Management eine vielversprechende Möglichkeit bietet, die Produktivität von Wissensarbeitern zu verbessern, indem es sich auf den wirtschaftlichen Kontext konzentriert und das schnelle System-1-Denken beeinflusst. Mitarbeiter werden

C. Hoque, *Corporate Nudging*, BestMasters,
https://doi.org/10.1007/978-3-658-43728-2_7

demnach nicht durch neue Ver- oder Gebote dazu gezwungen, ihre Arbeitsgewohnheiten umfassend zu ändern, sondern unaufdringlich zu Verhaltensänderungen „angestoßen". Die übersichtliche Darstellung von Anwendungsbeispielen im Nudging von Mitarbeitern hat gezeigt, dass die Potenziale, die sich aus dem Nudge-Ansatz für das Mitarbeitermanagement ergeben, sowohl im Hinblick auf die Nudge-Techniken als auch auf die Verhaltensbereiche sehr vielfältig sind. So können Nudges zu einer Reihe von effizienzsteigernden Verhaltensänderungen beitragen: Durch eine neue Standardeinstellung in der Online-Meeting-Software kann der Informationsverzerrung entgegengewirkt und die Effizienz von Besprechungen verbessert werden; durch Umsetzungsintentionen kann dem Optimismus Bias entgegengewirkt und eine effizientere Planung gefördert werden und durch das Framing von monetären Anreizen kann die Produktivität von Mitarbeitern verbessert werden. Strukturelle Veränderungen in der räumlichen Umgebung können ebenfalls effektive Verhaltensänderungen erzielen, wie die Beispiele zur Förderung der Innovationsfähigkeit und einer gesunden Ernährung gezeigt haben. Weitere Potenziale, die sich aus dem Nudge-Ansatz ergeben, sind die Förderung umweltfreundlichen Verhaltens, eine Verbesserung integren und ethischen Verhaltens sowie die Steigerung des Wohlbefindens. Während die in den vorgestellten Beispielen angewandten Nudge-Techniken insgesamt von Standardeinstellungen über soziale Normen, Warnungen, Umsetzungsintentionen, Framing, Vereinfachung und Zugänglichkeit reichten, konnte die Analyse eine deutliche Bevorzugung von Standardeinstellungen als meist genutzte Nudge-Technik identifizieren. Am zweit häufigsten konnte der Einsatz der Nudge-Technik „soziale Normen" festgestellt werden. Die adressierten Verhaltensbereiche betrafen neben der Ernährung, Compliance und Umwelt überwiegend den übergreifenden Bereich der Arbeitsweise bzw. -organisation. Aus diesen Beobachtungen lässt sich die Vermutung ableiten, dass Verhaltensänderungen zur Förderung einer effizienteren Arbeitsweise für Unternehmen am attraktivsten sind, da sie möglicherweise gleichzeitig mit den höchsten Kosteneinsparungen verbunden sind und somit im Vergleich am ehesten auf das Ziel der Gewinnmaximierung einzahlen.

Aus der Untersuchung des Nudging von Mitarbeitern ging außerdem hervor, dass Nudges nicht immer ausschließlich die mit dem Nudge erzielten Verhaltensweisen fördern, sondern ebenfalls gegenteilige Verhaltensweisen anstoßen können, welche den Effekt der Nudge-Maßnahme erheblich abschwächen oder schlimmstenfalls sogar überkompensieren könnten. Diese Boomerang-Effekte ließen sich insbesondere im Bereich des umweltfreundlichen Verhaltens feststellen. So führte ein (sozialer) Vergleich des Energieverbrauchs bei Haushalten, die weniger Energie als ihre Nachbarn verbrauchten, eher zu einer Erhöhung als zu einer Minderung des Energieverbrauchs. Aus diesen Erkenntnissen gehen wesentliche Risiken hervor, welche von Unternehmen bei der Implementierung von Nudge-Maßnahmen berücksichtigt werden müssen. Sollten die Risiken der unerwünschten Effekte ignoriert werden, könnte der Einsatz ineffizienter Nudges nicht nur eine Ressourcenverschwendung, sondern je nach Anwendungsgebiet (z. B. Compliance) ebenso finanzielle Risiken und Reputationsrisiken darstellen.

Die Analyse des Einsatzes von Nudges in Bezug auf die Stakeholdergruppe der Verbraucher zeigte, dass die Nudge-Theorie bereits in großem Umfang von Unternehmen auf Verbraucher angewendet wird. Jedoch werden Nudges in diesem Kontext von Unternehmen nicht immer zur Verbesserung des Lebens der Verbraucher eingesetzt. Im Gegenteil werden sie häufig als Marketingtechnik eingesetzt, um den Gewinn des Unternehmens zu steigern und ohne das Wohl der Verbraucher zu berücksichtigen. Aus diesem Grund konnte in der Literatur eine Differenzierung zwischen „guten“ und „bösen“ Nudges festgestellt werden. So hat Beggs (2016) eine Unterscheidung zwischen Pareto- und Rent-Seeking-Nudges vorgeschlagen, wovon ersteres Nudges umfasst, bei denen das langfristige Interesse der Verbraucher im Einklang mit den Unternehmensinteressen sind und letzteres Nudges betrifft, welche dem Verbraucher langfristig schaden und dem Unternehmen nützen. Die Untersuchung der Pareto-Nudges hat Potenziale des Einsatzes von „guten“ Nudges in den Bereichen Sparen, Konsum und Compliance aufgezeigt. So können Verbraucher beispielsweise durch Programme wie „Keep the Change“ oder „Save more Tomorrow“ durch einfache Standardeinstellungen zum Sparen ermutigt werden.

Während die Beispiele aus dem Bereich der Pareto-Nudges hauptsächlich Potenziale hervorgehoben haben, gingen aus der Betrachtung von Rent-Seeking-Nudges, wie Standard-Anmeldungen zu E-Mail-Newslettern, vor allem ethische Bedenken hervor. Insgesamt hat die Analyse der beiden Kategorien verdeutlicht, dass eine Zuteilung von Nudges entweder zu Pareto- oder Rent-Seeking-Nudges nicht immer so einfach ist, wie es manchmal auf dem ersten Blick scheint. Da wir Menschen individuelle Präferenzen und Bedürfnisse haben, gibt es streng genommen keine Nudges, welch als universell gut oder schlecht angesehen werden können. So wird es immer Menschen geben, die Nudges begrüßen würden, welche sie anregen, weniger zu sparen, seltener ins Fitnessstudio zu gehen oder mehr Streaming-Videos zu schauen. Wenn ein Nudge jedoch mehr Menschen hilft als schadet, kann er eher als Pareto-Nudge gelten.

Die Beobachtung, dass nicht alle Unternehmen Anreize haben, Pareto-Nudges einzusetzen (z. B. Fitnessstudios), hat die gezeigt, dass in solchen Fällen die Regierung eine wichtige Rolle spielt, da sie die Möglichkeit hat, Maßnahmen zum Schutz der Verbraucher zu ergreifen. So können gewisse Rent-Seeking-Nudges zum Schutz der Verbraucher verboten werden oder Anreize für Unternehmen geschaffen werden, gesellschaftlich wünschenswerte Nudges zu implementieren, wenn für Unternehmen sonst kein Anreiz dazu besteht. Ein Beispiel hierfür sind staatlich gesetzte Anreize für Energieunternehmen, die Verbraucher zu einem niedrigeren Energiekonsum ermutigen sollen.

Wie die Untersuchung der ethischen Risiken des Nudge-Ansatzes gezeigt hat, ist in der Literatur eine umfangreiche philosophische Debatte zur Ethik von Nudges entstanden. Kritiker argumentieren, dass Nudges die Willensautonomie, rationale Handlungsfähigkeit und Wahlfreiheit untergraben würden, da sie auf der menschlichen Irrationalität und leichten Manipulierbarkeit basieren. Ein weiterer Kritikpunkt betrifft die Tatsache, dass Entscheidungsarchitekten häufig nicht wissen können, was das Beste für die Zielgruppe des Nudges ist und sie gleichermaßen kognitiven Verzerrungen unterliegen. Die aus diesen Sorgen hervorgebrachten ethischen Risiken von Nudges betreffen demnach insbesondere die „Missachtung“ der Autonomie, Würde, Wahlfreiheit und Handlungsfähigkeit von Menschen. Zentrale Argumente, die von Befürwortern im Rahmen der Diskussion vorgebracht werden, umfassen die Kosteneffizienz und einfache Skalierbarkeit von Nudges, die hohe Akzeptanz seitens Verbraucher sowie den freiheitserhaltenden Ansatz. Außerdem behaupten Befürworter, dass das Konzept der Entscheidungsarchitektur unvermeidbar sei und es häufig keine neutrale Möglichkeit gäbe, Optionen zu gestalten. Kritiker betonen als Reaktion auf das zuletzt genannte Argument jedoch wiederholt die Relevanz der Intentionalität.

Aus den Untersuchungen zur Effektivität von Nudge-Maßnahmen ging hervor, dass bisher nur wenig Forschung im Bereich der Gesamtwirkung von Nudges existiert, da Nudge-Techniken oder Verhaltensbereiche bisher primär einzeln untersucht worden sind. Außerdem zeigte ein Großteil der Forschung einen Schwerpunkt auf politische Maßnahmen und Leitlinien, weshalb in Bezug auf die Effektivität von Nudge-Interventionen im privaten Sektor grundsätzlich noch großer Forschungsbedarf besteht. Die Kernergebnisse einer Meta-Analyse von Mertens et al. (2021) bieten Unternehmen jedoch wertvolle Richtlinien für eine erfolgreiche Nudge-Auswahl. So haben die Autoren festgestellt, dass Entscheidungsstruktur-Interventionen wirksamer als Entscheidungsinformations- oder Entscheidungshilfe-Interventionen sind. In Bezug auf die Verhaltensbereiche konnten die größten Effekte im häufig durch Gewohnheiten gesteuerten Lebensmittel-Bereich festgestellt werden, während Entscheidungen im Finanzbereich, welche größere direkte und langfristige Auswirken haben, weniger „anfällig“ für Nudge-Interventionen waren.

Die Untersuchungen zum Umgang mit dem Risiko der unerwünschten Auswirkungen von Nudges sowie mit ethischen Risiken haben gezeigt, dass für einen erfolgreichen Einsatz von Nudges diverse Aspekte berücksichtigt werden müssen. So bietet es sich zur Vorbeugung unerwünschter Effekte an, die Auswirkungen eines Nudges systematisch ganzheitlich zu betrachten und somit mögliche Spillover-Effekte, Veränderungseffekte, Lizenzierungseffekte und kompensatorische Effekte bei der Entscheidungsfindung zu berücksichtigen. Für den Umgang mit ethischen Risiken bietet das FORGOOD-Rahmenwerk von Lades und Delaney (2020) eine hilfreiche Handlungsorientierung. Es schlägt vor, dass Entscheidungsarchitekten sieben zentrale ethische Dimensionen berücksichtigen sollten: Fairness, Offenheit, Respekt, Ziele, Meinungen, Optionen und Delegation. Sie bieten Unternehmen einen Weg, systematischer über die Ethik des Nudging nachzudenken und einzelne Nudges so auf ihre ethische Zulässigkeit zu prüfen.

Zusammenfassend lässt sich die Forschungsfrage „Inwiefern können private Unternehmen von den Erkenntnissen der Verhaltensökonomie profitieren und Nudges unter Berücksichtigung von möglichen (ethischen) Risiken erfolgreich in der Praxis anwenden?" wie folgt beantworten: Verhaltensökonomische Erkenntnisse und insbesondere die Nudge-Theorie bieten Unternehmen einen fundierten Ansatz für die Gestaltung von Verhaltensanreizen (Nudges), welche sowohl den Mitarbeitern und Verbrauchern als auch dem Unternehmen zugutekommen können. So können besonders effektive Nudges wie Standardeinstellungen oder soziale Normen ergänzend zu klassischen Instrumenten eingesetzt werden, um z. B. die Produktivität der Mitarbeiter sowie deren Gesundheit und Wohlbefinden zu fördern. Um unerwünschten Auswirkungen und ethischen Risiken zu begegnen und Nudges möglichst erfolgreich einzusetzen, empfiehlt es sich, vorab eine systematische Reflexion der ganzheitlichen Auswirkungen des Nudges sowie der zentralen ethischen Dimensionen vorzunehmen und auf dieser Basis eine nuancierte Kosten-Nutzen-Analyse durchzuführen. Sind Nudges schließlich mit den Anforderungen aus der Analyse, den Unternehmenszielen und -werten sowie den Interessen der Zielpersonen vereinbar, bieten sie ein enormes Potenzial für Unternehmen, wesentliche Stakeholder auf kostengünstige, einfach skalierbare und effektive Weise zu besseren Entscheidungen für sich, die Gesellschaft und das Unternehmen anzustoßen.

7.2 Kritische Würdigung

Die vorliegende Arbeit liefert einen Beitrag zum erfolgreichen Einsatz der Nudge-Theorie im privaten Sektor. Es wurden die wesentlichsten Forschungsergebnisse und Praxisbeispiele aus der Fachliteratur zusammengetragen, um mögliche Chancen und Risiken, die sich aus der Nudge-Theorie für Unternehmen ergeben, abzuleiten. Dabei ist deutlich geworden, dass der aktuelle Forschungsstand zum Nudging im privaten Sektor noch bei Weitem nicht so ausgereift ist, wie die Forschung zum Nudging im öffentlichen Sektor. So beziehen sich viele der untersuchten Studien konkret auf den Einsatz von Nudges seitens politischer Entscheidungsträger, was sich zwar teilweise problemlos auf private Organisationen übertragen ließ, aber eine explizite Berücksichtigung der grundsätzlich anderen Umfeldfaktoren von Unternehmen nicht zuließ. Zudem sind die langfristigen Auswirkungen vieler der in der in der Literatur vorgeschlagenen Nudge-Maßnahmen nur in wenigen Fällen empirisch erforscht, was zuverlässige Aussagen hinsichtlich der Wirkung vieler Maßnahmen unmöglich macht. Überdies ist die Erörterung einzelner Nudges häufig sehr einseitig ausgefallen, sodass ganzheitliche (negative) Effekte der Nudges trotz ihrer Relevanz hinsichtlich Risiken unzureichend adressiert wurden. Ein wesentlicher Kritikpunkt, der demnach zu Lasten der vorliegenden Arbeit geht, ist der beschränkte Forschungsstand zum Thema Corporate Nudging.

7.3 Ausblick

Zukünftige Forschungen zum Nudging sollten sich vermehrt auf den privaten Sektor konzentrieren und die langfristigen Auswirkungen von Nudges sowie deren Auswirkungen auf nicht zielgerichtete Ergebnisse verstärkt untersuchen und berücksichtigen. Des Weiteren sollten die Auswirkungen von sogenannten „Policy-Mixes“ näher untersucht werden und sinnvolle Kombination von bestimmten Nudge-Techniken und anderen (Nudge-)Interventionen erforscht werden. Insbesondere das Nudging-Zusammenspiel zwischen Staat und Unternehmen bedarf weiterer Forschung.

Ebenso sollte die Heterogenität bei den Effektstärken der Interventionen weiter untersucht werden, um Faktoren zu identifizieren, die die Variabilität der Effektgrößen beeinflussen (z. B. soziodemografische Faktoren wie Einkommen sowie psychologische Faktoren wie numerische Fähigkeiten und Einstellungen). Die systematische Untersuchung dieser Moderatoren kann somit auch dazu beitragen,

Interventionen zu konzipieren, die individuelle Unterschiede in der Empfänglichkeit für Nudge-Interventionen berücksichtigen. Ethische Überlegungen sollten in diesem Prozess eine wichtige Rolle spielen, um sicherzustellen, dass potenziell anfälligere Bevölkerungsgruppen, wie Haushalte mit niedrigem Einkommen, ihre Fähigkeit behalten, Entscheidungen zu treffen, die in ihrem Interesse liegen (Mertens et al., 2020, 8).

Für die meisten Unternehmen wird es vermutlich schwierig sein, die Wirksamkeit einzelner Nudge-Interventionen zu messen. Darin liegt jedoch die große Chance der Digitalisierung und von Big Data, da durch die kontinuierliche Sammlung und Analyse von Daten Unternehmen bald in der Lage sein werden, schnell zu beurteilen, welche Nudges bei welchen Wissensarbeitern tendenziell funktionieren und welche nicht. Diese Erkenntnisse ermöglichen letztlich den Einsatz personalisierter Nudges, die individuell auf jeden Wissensarbeiter zugeschnitten sind (Ebert/Freibichler, 2017, 6).

Literaturverzeichnis

Allcott, H. (2011). Social norms and energy conservation. *Journal of Public Economics, 95*(5), 1082–1095.

Ariely, D. (2008). *Predictably irrational.* New York: Harper Collins.

Arno, A. / Thomas, S. (2016). The efficacy of nudge theory strategies in influencing adult dietary behaviour: A systematic review and meta-analysis. *BMC Public Health, 16*(1), 1–11. https://doi.org/10.1186/s12889-016-3272-x

Asch, S. (1995). Opinions and Social Pressure. In W. H. Freeman, *Readings About the Social Animal* (13. Aufl.). New York.

Ayres, I. / Raseman, S. / Shih, A. (2013). Evidence from Two Large Field Experiments That Peer Comparison Feedback Can Reduce Residential Energy Usage. *Journal of Law, Economics, and Organization, 29,* 992–1022.

Baca-Motes, K. / Brown, A. / Gneezy, A. / Keenan, E. A. / Nelson, L. D. (2013). Commitment and behavior change: Evidence from the field. *Journal of Consumer Research. 39*(5), 1070–1084.

Baer, M. H. (2009). Governing Corporate Compliance. *Boston College Law Review, 50*(4), 949–1019.

Baldwin, R. (2014). From Regulation to Behaviour Change: Giving Nudge the Third Degree. *The Modern Law Review, 77*(6), 831–857. https://doi.org/10.1111/1468-2230.12094

Bank of America. (2022). *Keep the Change® Savings Program.* https://www.bankofamerica.com/deposits/keep-the-change/ [20.07.2022].

Baron, J. / Beattie, J. / Hershey, J. C. (1988). Heuristics and biases in diagnostic reasoning. *Organizational Behavior and Human Decision Processes, 42*(1), 88–110. https://doi.org/10.1016/0749-5978(88)90021-0

Barton, A. / Grüne-Yanoff, T. (2015). From libertarian paternalism to nudging – And beyond. *Review of Philosophy and Psychology, 6*(3), 341–359. https://doi.org/10.1007/s13164-015-026

Bazerman, M. H. / Gino, F. (2012). Behavioral Ethics: Toward a Deeper Understanding of Moral Judgment and Dishonesty. *Annual Review of Law and Social Science, 8*(1), 85–104. https://doi.org/10.1146/annurev-lawsocsci-102811-173815

Beck, H. (2014). *Behavioral Economics* (1. Aufl.). Springer Gabler.

C. Hoque, *Corporate Nudging*, BestMasters,
https://doi.org/10.1007/978-3-658-43728-2

Beggs, J. N. (2016). Private-Sector Nudging: The Good, the Bad, and the Uncertain. In S. Abdukadirov, *Nudge Theory in Action* (S. 125–158). https://doi.org/10.1007/978-3-319-31319-1_6

Benartzi, S. / Beshears, J. / Milkman, K. L. / Sunstein, C. R. / Thaler, R. H. / Shankar, M. / Tucker-Ray, W. / Congdon, W. / Galing, S. (2017). Should Governments Invest More in Nudging? *Psychological Science, 28*(8), 1041–1055. https://doi.org/10.1177/0956797617702501

Beshears, J. / Choi, J. J. / Laibson, D. / Madrian, B. C. / Milkman, K. L. (2015). The effect of providing peer information on retirement savings decisions. *The Journal of Finance, 70*(3), 1161–1201.

Bicchieri, C. / Dimant, E. (2019). Nudging with care: The risks and benefits of social information. *CeDEx Discussion Paper Series.* The University of Nottingham: Centre for Decision Research and Experimental Economics (CeDEx).

Bordalo, P./ Gennaioli, N. / Shleifer, A. (2013). Salience and Consumer Choice. *Journal of Political Economy, 121*(5), 803–843. https://doi.org/10.1086/673885

Bovens, L. (2009). The Ethics of Nudge. In T. Grüne-Yanoff & S. O. Hansson (Hrsg.), *Preference Change: Approaches from Philosophy, Economics and Psychology* (S. 207–219). Springer.

Brown, Z. / Johnstone, N. / Haščič, I. / Vong, L. / Barascud, F. (2012). Testing the Effect of Defaults on the Thermostat Settings of OECD Employees. *OECD Environment Working Papers, No. 51.* https://doi.org/10.1787/5k8xdh41r8jd-en

Bruttel, L. V. / Stolley, F. (2014). *Ist es im Interesse der Bürger, wenn ihre Regierung Nudges implementiert?* Wirtschaftsdienst. https://www.wirtschaftsdienst.eu/inhalt/jahr/2014/heft/11/beitrag/nudging-als-politisches-instrument-gute-absicht-oder-staatlicher-uebergriff.html [01.08.2022].

Brynjolfsson, E. / McAfee, A. (2012). *Race Against the Machine: How the Digital Revolution is Accelerating Innovation, Driving Productivity, and Irreversibly Transforming Employment and the Economy.* Digital Frontier Press.

Buehler, R. / Griffin, D. (2003). Planning, personality, and prediction: The role of future focus in optimistic time predictions. *Organizational Behavior and Human Decision Processes, 92*(1), 80–90.

Buehler, R. / Griffin, D. / Peetz, J. (2010). The planning fallacy: cognitive, motivational, and social origins. In M. P. Zanna & J. M. Olson (Hrsg.), *Advances in Experimental Social Psychology* (Vol. 43, S. 1–62). Academic Press. https://doi.org/10.1016/s0065-2601(10)43001-4

Burnkrant, R. E. / Cousineau, A. (1975). Informational and Normative Social Influence in Buyer Behavior. *Journal of Consumer Research, 2*(3), 206–215.

Burns, Z. / Chiu, A. / Wu, G. (2010). Overweighting of Small Probabilities. In J. Cochran, L. A. Cox, P. Keskinocak, J. Kharoufeh & J. C. SmithWiley (Hrsg.), *Wiley Encyclopedia of Operations Research and Management Science.* Jonh Wiley & Sons. https://doi.org/10.1002/9780470400531.eorms0634

Camerer, C. / Issacharoff, S. / Loewenstein, G. / O'Donoghue, T. / Rabin, M. (2003). Regulation for conservatives: behavioral economics and the case for "asymmetric paternalism". *University of Pennsylvania Law Review, 151*, 1211–1254.

Campos, S. / Doxey, J. / Hammond, D. (2011). Nutrition labels on pre-packaged foods: a systematic review. *Public Health Nutrition, 14*(8), 1496–1506. https://doi.org/10.1017/s1368980010003290

Carli, L. L. / Ganley, R. / Pierce-Otay, A. (1991). Similarity and Satisfaction in Roommate Relationships. *Personality and Social Psychology Bulletin, 17*(4), 419–26.

Carlson, P. J. / Park, E. S. / Andersen, C. K. (2009). Benefits of pavement markings: A renewed perspective based on recent and ongoing research. *Transportation Research Record, 2107*(1), 59–68. https://doi.org/10.3141/2107-06

Chance, Z. / Dhar, R. (2016). Making the Best Choice the Easy Choice: Applying the 4Ps Framework for Behavioral Change at Google. In A. Samson (Hrsg.), *The Behavioral Economics Guide 2016* (S. 90–101). Retrieved from http://www.behavioraleconomics.com [18.06.2022].

Chen, R. / Jia, J. (2005). Consumer Choices Under Small Probabilities: Overweighting or Underweighting? *Marketing Letters, 16*(1), 5–18. https://doi.org/10.1007/s11002-005-1137-7

Cherry, K. (2021). *Heuristics and Cognitive Biases.* verywellmind. https://www.verywellmind.com/ what-is-a-heuristic-2795235 [2021–03–23].

Chowdhury, R. M. M. I. (2021). The ethics of nudging: Using moral foundations theory to understand consumers' approval of nudges. *Journal of Consumer Affairs, 56*(2), 703–742. https://doi.org/10.1111/joca.12431

Cicchetti, C. / Dubin, J. (1994). A Microeconometric Analysis of Risk Aversion and the Decision to Self-Insure. *Journal of Political Economy, 102*(1), 169–186.

Clavien, C. (2018). Ethics of nudges: a general framework with a focus on shared preference justifications. *Journal of Moral Education, 47*, 366–382.

Conly, S. (2013). *Against autonomy: Justifying coercive paternalism.* Cambridge University Press.

Dale, S. (2018, 29. Juli*). Heuristics and Biases – The Science of Decision Making.* The Future of Work. http://stephendale.com/?p=4234 [10.07.2022].

DellaVigna, S. / Malmendier, U. (2006). Paying Not to Go to the Gym. *The American Economic Review, 96*, 694–719.

Deloitte (2021, 28. September). *Nudging and behavioral economics: Defying human irrationalities.* Deloitte. https://www2.deloitte.com/de/de/pages/innovation/contents/nudging-and-behavioral-economics.html [01.06.2022].

Dhar, J. / Bailey, A. / Mingardon, S. / Tankersley, J. (2021, 8. Januar). *The Persuasive Power of the Digital Nudge.* Boston Consulting Group. https://www.bcg.com/de-de/publications/2017/people-organization-operations-persuasive-power-digital-nudge [10.07.2022].

Dhar, R. / Simonson, I. (2003). The effect of forced choice on choice. *Journal of Marketing Research, 40*(2), 146–160.

Drucker, P. F. (1999). Knowledge Worker Productivity: The Biggest Challenge. *California Management Review, 41*(2), 79–94.

Dunning, D. (2011). The Dunning–Kruger Effect On Being Ignorant of One's Own Ignorance. *Advances in Experimental Social Psychology, 44*, 247–296. https://doi.org/10.1016/b978-0-12-385522-0.00005-6

Ebert, P. / Freibichler, W. (2017). Nudge management: applying behavioural science to increase knowledge worker productivity. *Journal of Organization Design, 6*(4), 1–6. https://doi.org/10.1186/s41469-017-0014-1

Engelen, B. (2019). Nudging and rationality: What is there to worry? *Rationality and Society, 31*(2), 204–232. https://doi.org/10.1177/1043463119846743

Engelen, B. / Nys, T. (2019). Nudging and Autonomy: Analyzing and Alleviating the Worries. *Review of Philosophy and Psychology, 11*(1), 137–156. https://doi.org/10.1007/s13164-019-00450-z

Enste, D. H. / Kürten, L. / Schwarz, I. (2020). *IW-Report 45/2020 – Vertrauen in Unternehmen.* Institut der deutschen Wirtschaft. https://www.iwkoeln.de/fileadmin/user_upload/Studien/Report/PDF/2020/IW-Report_Vertrauen_in_Unternehmen.pdf [01.07.2022].

Enste, D. H. / Potthoff, J. (2021). *IW-Analysen 146 – Behavioral Economics and Climate Protection.* Institut der deutschen Wirtschaft.

Enste, D. H. / Wildner, J. (2014). *Mitverantwortung und Moral – eine unternehmensethische Reflexion.* Institut der deutschen Wirtschaft.

Evans, J. S. B. T. (2008). Dual-Processing Accounts of Reasoning, Judgment, and Social Cognition. *Annual Review of Psychology. 59*(1), 255–278. https://doi.org/10.1146/annurev.psych.59.103006.093629

Feldman, M. S. / March, J. G. (1981). Information in Organizations as Signal and Symbol. *Administrative Science Quarterly, 26*(2), 171. https://doi.org/10.2307/2392467

Felsen, G. / Castelo, N. / Reiner, P. B. (2013). Decisional enhancement and autonomy: public attitudes towards overt and covert nudges. *Judgment & Decision Making, 8*, 202–213.

Fong, G. T. / Hammond, D. / Hitchman, S. C. (2009). The impact of pictures on the effectiveness of tobacco warnings. *Bulletin of the World Health Organization, 87*(8), 640–643. https://doi.org/10.2471/BLT.09.069575

Fort, T. L. / Raymond, A. / Shackelford, S. (2015). The Angel on Your Shoulder: Prompting Employees to Do the Right Thing Through the Use of Wearables. *Northwestern Journal of Technology and Intellectual Property, 14*(2), 139–170.

Freibichler, W. / Ebert, P. / Schubert, T. (2017) Nudge Management – Wie Führungskräfte kluges Selbstmanagement anstoßen. *Zeitschrift für Führung und Organisation, 86*, 82–86.

Furedi, F. (2011). *Defending Moral Autonomy against an Army of Nudgers.* Spiked. https://www.spiked-online.com/2011/01/20/defending-moral-autonomy-against-an-army-of-nudgers/ [26.07.2022].

Gawronski, B. / Sherman, J. W. / Trope, Y. (2014). Two of what?: A conceptual analysis of dual-process theories. In J. W. Sherman, B. Gawronski & Y. Trope (Hrsg.), *Dual-process theories of the social mind* (S. 3–19). The Guilford Press.

Goldstein, N. J. / Cialdini, R. B. / Griskevicius, V. (2008). A Room with a Viewpoint: Using Social Norms to Motivate Environmental Conservation in Hotels. *Journal of Consumer Research, 35*, 472–482.

Gollwitzer, P. M. (1999). Implementation intentions: Strong effects of simple plans. *American Psychologist, 54*(7), 493–503. https://doi.org/10.1037/0003-066X.54.7.493

Gollwitzer, P. M. / Sheeran P. (2009) Self-regulation of consumer decision making and behavior: The role of implementation intentions. *Journal of Consumer Psychology, 19*, 593–607.

Gollwitzer, P. M. / Sheeran, P. (2006). Implementation Intentions and Goal Achievement: A Meta-analysis of Effects and Processes. *Advances in Experimental Social Psychology, 38*(6), 69–119. https://doi.org/10.1016/s0065-2601(06)38002-1

Gollwitzer, P. M. / Wieber, F. / Myers, A. L. / McCrea, S. M. (2010). How to Maximize Implementation Intention Effects. In C. R. Agnew, D. E. Carlston, W. G. Graziano, &

J. R. Kelly (Hrsg.), *Then A Miracle Occurs: Focusing on behavior in social psychological theory and research* (S. 137–161). Oxford University Press.

Gosnell, G. / List, J. / Metcalfe, R. (2016). A New Approach to an Age-Old Problem: Solving Externalities by Incenting Workers Directly. *National Bureau of Economic Research (NBER) publications* https://doi.org/10.3386/w22316

Grüne-Yanoff, T. (2012). Old wine in new casks: Libertarian paternalism still violates liberal principles. *Social Choice and Welfare, 38*(4), 635–645. https://doi.org/10.1007/s00355-011-0636-0

Güntner, A. / Lucks, K. / Sperling-Magro, J. (2021, 1. März). *Lessons from the front line of corporate nudging.* McKinsey & Company. https://www.mckinsey.com/business-functions/people-and-organizational-performance/our-insights/lessons-from-the-front-line-of-corporate-nudging [10.07.2022].

Hagman, W. / Andersson, D. / Västfjäll, D. / Tinghög, G. (2015). Public views on policies involving nudges. *Review of Philosophy and Psychology, 6*(3), 439–453. https://doi.org/10.1007/s13164-015-0263-2

Haita-Falah, C. (2017). Sunk-cost fallacy and cognitive ability in individual decision-making. *Journal of Economic Psychology, 58*, 44–59. https://doi.org/10.1016/j.joep.2016.12.001

Håkonsson, T. / Carroll, T. (2016). Is there a dark side of Big Data – point, counterpoint. *Journal of Organization Design. 5*(5), 1–5.

Hansen, P. G. / Jespersen, A. M. (2013). Nudge and the Manipulation of Choice: A Framework for the Responsible Use of the Nudge Approach to Behaviour Change in Public Policy. *European Journal of Risk Regulation, 1*(1), 3–28.

Haugh, T. (2017). Nudging Corporate Compliance. *American Business Law Journal, 54*(4), 683–741. https://doi.org/10.1111/ablj.12109

Hausman, D. M. / Welch, B. (2010). Debate: To nudge or not to nudge*. *Journal of Political Philosophy, 18*(1), 123–136. https://doi.org/10.1111/j.1467-9760.2009.00351.x

Hertwig, R. / Grüne-Yanoff, T. (2017). Nudging and boosting: Steering or empowering good decisions. *Perspectives on Psychological Science, 12*(6), 973–986. https://doi.org/10.1177/174569161770249

Hollingworth, C. / Barker, L. (2016). How to Apply Behavioural Science with Success: Learning from Application Around the World. In A. Samson (Hrsg.), *The Behavioral Economics Guide 2016* (S. 90–101). http://www.behavioraleconomics.com [02.08.2022].

Homonoff, T. A. (2018). Can Small Incentives Have Large Effects? The Impact of Taxes versus Bonuses on Disposable Bag Use. *American Economic Journal: Economic Policy, 10*(4), 177–210. https://doi.org/10.1257/pol.20150261

Hossain, T. / List, J. A. (2012). The Behavioralist Visits the Factory: Increasing Productivity Using Simple Framing Manipulations. *Management Science, 58*(12), 2151–2167. https://doi.org/10.1287/mnsc.1120.1544

Hummel, D. / Maedche, A. (2019). How effective is nudging? A quantitative review on the effect sizes and limits of empirical nudging studies. *Journal of Behavioral and Experimental Economics, 80*(June), 47–58. https://doi.org/10.1016/j.socec.2019.03.005

Iyengar, S. S. / Jiang, W. / Huberman, G. (2003). *How Much Choice Is Too Much?: Contributions to 401(k) Retirement Plans.* Pension Research Council Working Paper.

Iyengar, S. S. / Lepper, M. R. (2000). When choice is demotivating: Can one desire too much of a good thing? *Journal of Personality and Social Psychology, 79*(6), 995–1006. https://doi.org/10.1037/0022-3514.79.6.995

Jena, L. K. / Basu, E. (2018). Deep Work: Rules for Focused Success in a Distracted World. *Vikalpa: The Journal for Decision Makers, 43*(1), 58–60. https://doi.org/10.1177/0256090917753047

Johnson, E. J. / Goldstein, D. (2003). Do defaults save lives? *Science, 302*, 1338–1339.

Just, D. R. / Wansink, B. (2009). Smarter lunchrooms: using behavioral economics to improve meal selection. *Choices, 24*(3), 1–7.

Kahneman, D. (2003). Maps of Bounded Rationality: Psychology for Behavioral Economics. *American Economic Review, 93*(5), 1449–1475. https://doi.org/10.1257/000282803322655392

Kahneman, D. (2011). *Thinking, Fast and Slow*, New York: Farrar, Straus and Giroux.

Kahneman, D. / Knetsch, J. L. / Thaler, R. H. (1991). Anomalies: The Endowment Effect, Loss Aversion, and Status Quo Bias. *Journal of Economic Perspectives, 5*(1), 193–206. https://doi.org/10.1257/jep.5.1.193

Kahneman, D. / Tversky, A. (1972). Subjective probability: A judgment of representativeness. *Cognitive Psychology, 3*(3), 430–454. https://doi.org/10.1016/0010-0285(72)90016-3

Kahneman, D. / Tversky, A. (1979). Prospect Theory: An Analysis of Decision under Risk. *Econometrica, 47*(2), 263–292. https://doi.org/10.2307/1914185

Kahneman, D. / Tversky, A. (1982). The Psychology of Preferences. *Scientific American, 246*(1), 160–173. https://doi.org/10.1038/scientificamerican0182-160

Kahneman, D. / Tversky, A. (2010). The Framing of Decisions and the Psychology of Choice. *Science, 211*(4481), 453–458.

Kang, C. (2013, September 1). *Google crunches data on munching in office*. The Washington Post. https://www.washingtonpost.com/business/technology/google-crunches-data-on-munching-in%20office/2013/09/01/3902b444-0e83-11e3-85b6-d27422650fd5_story.html [10.08.2022].

Kempf, A. / Ruenzi, S. (2005). *Status quo bias and the number of alternatives: An empirical illustration from the mutual fund industry*. https://www.econstor.eu/bitstream/10419/57747/1/699911834.pdf [02.07.2022].

Kolmar, M. (2022). Behavioral Economics. In M. Kolmar (Hrsg.), *Principles of Microeconomics* (2. Aufl., S. 267–317). Springer. https://doi.org/10.1007/978-3-030-78167-5_10

Koppell, J. / Steen, J. A. (2004). The effects of ballot position on election outcomes. *Journal of Politics, 66*(1), 267–281.

Küper, M. / Potthoff, J. (2022). *IW-Report 45/22 – Wie Haushalte Gas sparen können*. Institut der deutschen Wirtschaft. https://www.iwkoeln.de/fileadmin/user_upload/Studien/Report/PDF/2022/IW-Report_2022-Wie-Haushalte-Gas-sparen.pdf [04.09.2022].

Lades, L. K. / Delaney, L. (2020). Nudge FORGOOD. *Behavioural Public Policy, 6*(1), 75–94. https://doi.org/10.1017/bpp.2019.53

Loewenstein, G. / Chater, N. (2017). Putting nudges in perspective. *Behavioural Public Policy, 1*(1), 26–53. https://doi.org/10.1017/bpp.2016.7

Madrian, B. C. / Shea, D. F. (2001). The Power of Suggestion: Inertia in 401(k) Participation and Savings Behavior. *The Quarterly Journal of Economics, 116*(4), 1149–1187.

Maki, A. / Burns, R. J. / Ha, L. / Rothman, A. J. (2016). Paying people to protect the environment: A meta-analysis of financial incentive interventions to promote proenvironmental behaviors. *Journal of Environmental Psychology*, *47*, 242–255. https://doi.org/10.1016/j.jenvp.2016.07.006

Makki, F. (2021, 6. Juli). *Nudge units are just the tool for effective policy*. The National. https://www.thenationalnews.com/business/nudge-units-are-just-the-tool-for-effective-policy-1.639363 [18.06.2022].

Marsh, J. C. A. M. (2013, 17. Januar). *The Google Diet: Search Giant Overhauled Its Eating Options to „Nudge" Healthy Choices*. ABC News. https://abcnews.go.com/Health/google-diet-search-giant-overhauled-eating-options-nudge/story?id=18241908 [01.07.2022].

Marteau, T. M. (1989). Framing of information: Its influence upon decisions of doctors and patients. *British Journal of Social Psychology, 28*(1), 89–94. https://doi.org/10.1111/j.2044-8309.1989.tb00849.x

Mertens, S. / Herberz, M. / Hahnel, U. J. J. / Brosch, T. (2021). The effectiveness of nudging: A meta-analysis of choice architecture interventions across behavioral domains. *Proceedings of the National Academy of Sciences, 119*(1). https://doi.org/10.1073/pnas.2107346118

Michalkiewicz, M. (2019, 19. Juni). *Wie Heuristiken uns helfen Entscheidungen zu treffen*. In-Mind. https://de.in-mind.org/article/wie-heuristiken-uns-helfen-entscheidungen-zu-treffen [10.07.2022].

Milkman, K. L. / Beshears, J. / Choi, J. J. / Laibson, D. / Madrian, B. C. (2011). Using implementation intentions prompts to enhance influenza vaccination rates. *Proceedings of the National Academy of Sciences, 108*(26), 10415–10420. https://doi.org/10.1073/pnas.1103170108

Miller, G. P. (2014). The Compliance Function: An Overview. *NYU Law and Economics Research Paper, Working Paper No. 14–36*.

Mills, C. (2015). The heteronomy of choice architecture. *Review of Philosophy and Psychology, 6*(3), 495–509. https://doi.org/10.1007/s13164-015-0242-7

Münscher, R. / Vetter, M., / Scheuerle, T. (2016). A review and taxonomy of choice architecture techniques. *Journal of Behavioral Decision Making, 29*, 511–524. https://doi.org/10.1002/bdm.1897

Murray, D. M. / Luepker, R. V. / Johnson, A. C. / Mittelmark, M. B. (1984). The Prevention of Cigarette Smoking in Children: A Comparison of Four Strategies. *Journal of Applied Social Psychology, 14*(3), 274–288.

Nagatsu, M. (2015). Social nudges: their mechanisms and justification. *Review of Philosophy and Psychology*, *6*, 481–494. https://doi.org/10.1007/s13164-015-0245-4

Nettle, D. / Nott, K. / Bateson, M. (2012). Cycle thieves, we are watching you: Impact of a simple signage intervention against bicycle theft. *PLoS ONE, 7*(12), e51738. https://doi.org/10.1371/journal.pone.0051738

Newall, P. W. S. (2019). Dark nudges in gambling. *Addiction Research & Theory, 27*(2), 65–67. https://doi.org/10.1080/16066359.2018.1474206

Nys, T. R. V. / Engelen, B. (2017). Judging nudging: Answering the manipulation objection. *Political Studies, 65*(1), 199–214. https://doi.org/10.1177/0032321716629487

O'Donoghue, T. / Rabin, M. (1999). Doing It Now or Later. *American Economic Review, 89*(1), 103–124. https://doi.org/10.1257/aer.89.1.103

OECD. (2017). *Behavioural Insights and Public Policy Lessons from Around the World.* Van Haren Publishing. https://www.oecd.org/gov/regulatory-policy/behavioural-insights-and-public-policy-9789264270480-en.htm [22.08.2022].

Prentice, R. A. (2015). Behavioral Ethics: Can It Help Lawyers (And Others) Be Their Best Selves? *Notre Dame Journal of Law, Ethics & Public Policy, 29*(1), 35–85.

Read, D. / Loewenstein, G / Racbin, M. (1999). Choice Bracketing. *Journal of Risk and Uncertainty, 19*(1–3), 171–197.

Reisch, L. A. (2020). Nudging hell und dunkel: Regeln für digitales Nudging. *Wirtschaftsdienst,100*(2), 87–91. https://doi.org/10.1007/s10273-020-2573-y

Reisch, L. A. / Sunstein, C. R. (2016). Do Europeans like nudges? *Judgment and Decision Making, 11*(4), 310–325.

Rithalia, A. / McDaid, C. / Suekarran, S. / Myers, L. / Sowden, A. (2009). Impact of presumed consent for organ donation on donation rates: A systematic review. *BMJ, 338*. https://doi.org/10.1136/bmj.a3162

Saghai, Y. (2013). Salvaging the concept of nudge. *Journal of Medical Ethics, 39*(8), 487–493. https://doi.org/10.1136/medethics-2012-100727

Samson, A. (2016). *The Behavioral Economics Guide 2016*. Behavioral Science Solutions Ltd. https://fehradvice.com/wp-content/uploads/2016/06/BEGuide2016.pdf [10.07.2022].

Samson, A. (2017). *The Behavioral Economics Guide 2017*. Behavioral Science Solutions Ltd. https://static1.squarespace.com/static/58f64300ff7c5042d669850e/t/5a1473212 4a69446c4a79c5c/1511289640268/BEGuide2017.pdf [21.05.2022].

Samuelson, W. / Zeckhauser, R. (1988). Status quo bias in decision making. *Journal of Risk and Uncertainty, 1*(1), 7–59. https://doi.org/10.1007/bf00055564

Schmidt, A. T. (2019). Getting real on rationality—Behavioral science, nudging, and public policy. *Ethics, 129*(4), 511–543. https://doi.org/10.1086/702970

Schmidt, A. T. / Engelen, B. (2020). The ethics of nudging: An overview. *Philosophy Compass, 15*(4). https://doi.org/10.1111/phc3.12658

Schnurman, D. (2015, 24. Juni). *How To Be Super Productive On A No-Meeting Day*. Forbes. https://www.forbes.com/sites/entrepreneursorganization/2015/06/24/how-to-be-super-productive-on-a-no-meeting-day/?sh=3c0db5d5abc9 [01.07.2022].

Schultz, P. W. / Nolan, J. M. / Cialdini, R. B. / Goldstein, N. J. / Griskevicius, V. (2007). The Constructive, Destructive, and Reconstructive Power of Social Norms. *Psychological Science, 18*(5), 429–434. https://doi.org/10.1111/j.1467-9280.2007.01917.x

Schwartz, B. / Ward, A. (2004). Doing Better but Feeling Worse: The Paradox of Choice. In A. P. Linley & S. Joseph, *Positive Psychology in Practice* (S. 86–105). Wiley & Sons.

Sharpe, K. / Staelin, R. / Huber, J. (2008). Using extremeness aversion to fight obesity: Policy implications of context dependent demand. *Journal of Consumer Research, 35*, 406–422.

Sheeran, P. / Webb, T. L. (2016). The Intention-Behavior Gap. *Social and Personality Psychology Compass, 10*(9), 503–518. https://doi.org/10.1111/spc3.12265

Sheeran, P. / Webb, T. L. / Milne, S. / Gollwitzer, P. M. (2005). Implementation Intentions and Health Behavior. *n. a.*, 276–323. https://kops.uni-konstanz.de/bitstream/handle/123 456789/11189/05SheeMilneWebbGoll_Implementation_Intentions_and_Health_Behavi our.pdf?isAllowed=y&sequence=1 [15.08.2022].

Shu, L. L. / Mazar, N. / Gino, F. / Ariely, D. / Bazerman, M. H. (2012). Signing at the beginning makes ethics salient and decreases dishonest self-reports in comparison to signing at the end. *Proceedings of the National Academy of Sciences, 109*(38), 15197–15200. https://doi.org/10.1073/pnas.1209746109

Simon, H. A. (1957). *Models of Man, Social and Rational: Mathematical Essays on Rational Human Behavior in a Social Setting*. John Wiley & Sons: New York.

Simon, H. A., (1982). *Models of bounded rationality: Empirically grounded economic reason* (3. Aufl.). MIT Press, Cambridge.

Snyder, L. B. / Hamilton, M. A. / Mitchell, E. W. / Kiwanuka-Tondo, J. / Fleming-Milici, F. / Proctor, D. (2004). A Meta-Analysis of the Effect of Mediated Health Communication Campaigns on Behavior Change in the United States. *Journal of Health Communication, 9*, 71–96. https://doi.org/10.1080/10810730490271548

Stancil, W. (2015). A better way to cancel your gym membership (and avoid other hazards of autopayment). *Journal of Law, Technology & Policy, 1*, 103–148.

Stieler, M. / Henike, T. (2021). Innovation nudging—A novel approach to foster innovation engagement in an incumbent company. *Creativity and Innovation Management, 31*(1), 1–14. https://doi.org/10.1111/caim.12475

Stock-Homburg, R. / Groß, M. (2019). *Personalmanagement: Theorien – Konzepte – Instrumente* (4., vollst. überarb. u. erw. Aufl.). Springer Gabler.

Suedfeld, P. / Bochner, S. / Matas, C. (1971). Petitioner's Attire and Petition Signing by Peace Demonstrators: A Field Experiment. *Journal of Applied Social Psychology, 1*(3), 278–83.

Sunstein, C. / Reisch, L. (2008). Automatically green: behavioral economics and environmental protection. *Harvard Environmental Law Review, 38*(1), 127–158. https://doi.org/10.2139/ssrn.2245657

Sunstein, C. R. (2014). Nudging: A Very Short Guide. *Journal of Consumer Policy, 37*, 583–588.

Sunstein, C. R. (2015). The Ethics of Nudging. *Yale Journal on Regulation, 32*, 413–450.

Sunstein, C. R. (2016a). Do People Like Nudges? *Administrative Law Review, 68*(2), 177–232. http://dx.doi.org/10.2139/ssrn.2604084

Sunstein, C. R. (2016b). People Prefer System 2 Nudges (Kind Of). *Duke Law Journal, 66*, 121–168.

Sunstein, C. R. / Reisch, L. A. (2019). *Trusting Nudges: Toward a Bill of Rights for Nudging.* Abingdon: Routledge.

Sunstein, C. R. / Thaler, R. H. (2003). *Libertarian Paternalism is Not an Oxymoron.* Amsterdam University Press.

Tagliabue, M. (2021). Nudge Theory Applied to Wellbeing at Work. In T. Wall, C. L. Cooper, & P. Brough (Hrsg.), *The SAGE handbook of organizational wellbeing* (S. 399–416). Sage Reference. https://doi.org/10.4135/9781529757187.n26

Thaler, R. H. (1980). Toward a positive theory of consumer choice. *Journal of Economic Behavior and Organization, 1*, 39–60.

Thaler, R. H. (1999). Mental Accounting Matters. *Journal of Behavioral Decision Making, 12*, 183–206.

Thaler, R. H. / Sunstein C. R. (2008). *Nudge: Improving decisions about health, wealth and happiness.* New Haven, CT, and London: Yale University Press.

Thaler, R. H. (2015, 31. Oktober). *The Power of Nudges, for Good and Bad.* The New York Times. https://www.nytimes.com/2015/11/01/upshot/the-power-of-nudges-for-good-and-bad.html [01.07.2022].

Thaler, R. H. / Benartzi, S. (2004). Save More Tomorrow™: Using behavioral economics to increase employee saving. *Journal of Political Economy, 112*, 164–187.

The Decision Lab. (2022). *Intention-Action Gap.* The Decision Lab. https://thedecisionlab.com/reference-guide/psychology/intention-action-gap [03.08.2022].

Tversky, A. / Kahneman, D. (1973). Availability: A heuristic for judging frequency and probability. *Cognitive Psychology, 5*(2), 207–232. https://doi.org/10.1016/0010-0285(73)90033-9

Tversky, A. / Kahneman, D. (1974). Judgment under Uncertainty: Heuristics and Biases. *Science, 185*(4157), 1124–1131. https://doi.org/10.1126/science.185.4157.1124

Verplanken, B. / Wood, W. (2006). Interventions to Break and Create Consumer Habits. *Journal of Public Policy & Marketing, 25*(1), 90–103. https://doi.org/10.1509/jppm.25.1.90

Volpp, K. G. / Loewenstein, G. / Troxel, A. B. / Doshi, J. / Price, M. / Laskin, M. / Kimmel, S. E. (2008). A test of financial incentives to improve warfarin adherence. *BMC Health Services Research, 8*(1). https://doi.org/10.1186/1472-6963-8-272

Walczack, M. (2015). Zeitschätzungen bei Projekten optimieren. In F. C. Brodbeck (Hrsg.), *Evidenzbasierte Wirtschaftspsychologie* (2. Aufl., S. 1–4). Ludwig-Maximilians-Universität München. http://www.evidenzbasiertesmanagement.de.

White, K. M. / Hogg, M. A. / Terry, D. J. (2002). Improving Attitude-Behavior Correspondence through Exposure to Normative Support from a Salient In-group. *Basic and Applied Social Psychology, 24*(2), 91–103.

White, M. D. (2013). *The manipulation of choice: Ethics and libertarian paternalism.* New York: Palgrave Macmillan.

Wieland, J. (1999). *Die Ethik der Governance.* Marburg.

Wilkinson, T. M. (2013). Nudging and Manipulation. *Political Studies, 61*(2), 341–355. https://doi.org/10.1111/j.1467-9248.2012.00974.x

Willis, L. E. (2013). When nudges fail: Slippery defaults. *University of Chicago law Review, 80*(3), 1155–1230.

Wood, W. / Rünger, D. (2016). Psychology of Habit. *Annual Review of Psychology, 67*(1), 289–314. https://doi.org/10.1146/annurev-psych-122414-033417

Zikmnud-Fisher, B. J. / Sarr, B. / Fagerlin, A. / Ubel, P. A. (2006). A Matter of Perspective: Choosing for Others Differs from Choosing for Yourself in Making Treatment Decisions. *Journal of General Internal Medicine, 21*, 618–622.

Zlatevska, N. / Dubelaar, C. / Holden, S. S. (2014). Sizing up the Effect of Portion Size on Consumption: A Meta-Analytic Review. *Journal of Marketing, 78*(3), 140–154. https://doi.org/10.1509/jm.12.0303

SPRINGER NATURE

GPSR Compliance

The European Union's (EU) General Product Safety Regulation (GPSR) is a set of rules that requires consumer products to be safe and our obligations to ensure this.

If you have any concerns about our products, you can contact us on ProductSafety@springernature.com

In case Publisher is established outside the EU, the EU authorized representative is:

Springer Nature Customer Service Center GmbH
Europaplatz 3
69115 Heidelberg, Germany